Rudolf Virchow

Über die Kanalisation von Berlin

Gutachten des Königl. wiss. Deputation für das Medizinalwesen

Rudolf Virchow

Über die Kanalisation von Berlin
Gutachten des Königl. wiss. Deputation für das Medizinalwesen

ISBN/EAN: 9783743611122

Hergestellt in Europa, USA, Kanada, Australien, Japan

Cover: Foto ©Andreas Hilbeck / pixelio.de

Manufactured and distributed by brebook publishing software (www.brebook.com)

Rudolf Virchow

Über die Kanalisation von Berlin

Ueber die

Kanalisation von Berlin.

Gutachten

der

Königl. wissenschaftlichen Deputation für das Medicinalwesen

nebst einem Nachtrage.

Mit zusätzlichen Bemerkungen

von

Rud. Virchow.

Berlin, 1868.

Verlag von August Hirschwald.

Unter den Linden No. 68.

Separat-Abdruck aus der Vierteljahresschrift für gerichtliche Medicin. N. F. IX. 1.

Gutachten
der Königl. Wissenschaftlichen Deputation für das Medicinalwesen,
betreffend
die Frage nach der angemessensten Art, die Stadt Berlin von den Auswurfsstoffen zu reinigen.

(Erster Referent: **Virchow**.)

Der Herr Minister für Handel, Gewerbe und Bauwesen hat unter dem 1. Juli 1865 ein Gutachten der Wissenschaftlichen Deputation für das Medicinalwesen erbeten über die in der Abhandlung des Geheimen Oberbauraths *Wiebe* untersuchte Frage nach der angemessensten Art, die Stadt Berlin von den Auswurfsstoffen zu reinigen, und zwar wünscht er dieses Gutachten in Rücksicht auf die Interessen der Medicinal-Polizei. Er hat zugleich eine Berücksichtigung des von den Commissarien des Herrn Ministers für die landwirthschaftlichen Angelegenheiten über dieselbe Frage erstatteten Berichtes gewünscht und zu diesem Zweck unter dem 1. August 1865 ein Gutachten des Geheimen Oberbauraths *Wiebe* über diesen Bericht eingesandt.

Weiterhin hat derselbe Herr Minister unter dem 1. August 1866 das hiesige Polizei-Präsidium und die Ministerial-Bau-Commission angewiesen, das Verhalten der für die Ableitung von Water-Closets in die offenen Strassenrinnsteine angeordneten Sammelgruben durch Sachverständige untersuchen zu lassen, und er übersendet mittelst Schreibens vom 9. Mai d. J. die eingegangenen Berichte nebst einem von dem Polizei-Präsidium vorgelegten Entwurf zu einer Polizei-Verordnung, sowie nebst einem Gutachten des Geheimen Oberbauraths *Wiebe* über den letzteren, um auch über diesen Gegenstand ein die sanitätspolizeiliche Seite beleuchtendes Gutachten der Wissenschaftlichen Deputation zu erhalten.

Indem wir nachstehend über sämmtliche Fragen, wie uns freigestellt war, ein gemeinschaftliches Gutachten erstatten, bemerken wir zum Voraus, dass die Sammlung des nothwendigen literarischen Materials nur langsam und unvollständig hat bewerkstelligt werden können, und dass die von uns gewünschten Erhebungen über die örtlichen Verhältnisse, namentlich über das Grundwasser und die Brunnen der Stadt, zum Theil gar nicht, zum Theil nur in sehr ungenügender Weise zu erlangen waren. Ueberall fehlt es gerade für die sanitätspolizeiliche Erörterung der Fragen an den nöthigen Vorarbeiten, zu deren Gewinnung es sich empfehlen dürfte, nach dem Vorgange Englands eine besondere Untersuchungs-Commission niederzusetzen, welche mit den nöthigen wissenschaftlichen Kräften und ausreichenden Mitteln ausgestattet wäre, um sowohl die Ortsstatistik der Gesundheits- und Sterblichkeits-Verhältnisse, als auch die geologischen und hydrologischen Grundlagen in ausgedehnter und wissenschaftlicher Weise festzustellen. Dann erst, wenn dies geschehen ist, wird es möglich sein, ein entscheidendes Urtheil über die thatsächlichen Nachtheile der gegenwärtigen Zustände und über die in Folge derselben nothwendigen Maassregeln zu gewinnen. Für jetzt sind wir genöthigt, an den meisten Punkten nach allgemeinen wissenschaftlichen Voraussetzungen und nach vielfach zweifelhaften Analogien zu urtheilen.

Gutachten.

Schon seit dem Ende des vorigen Jahrhunderts ist die Frage, inwieweit der Zustand der Rinnsteine und der Cloaken in der Stadt Berlin, sowie die Verunreinigung der Spree durch menschliche und andere Auswurfsstoffe für die Gesundheit der Einwohner nachtheilig sei, von ärztlichen Sachverständigen erörtert worden. Niemals jedoch hat diese Erörterung zur Feststellung bestimmter Thatsachen geführt, durch welche ein solcher Einfluss sicher nachgewiesen worden konnte, und noch die bekannten Untersuchungen von *Albert Magnus* 1841 blieben bei dem Ergebniss stehen, dass höchstens der Zustand der „Cloaken" (d. h. der Abzugskanäle) gewisse Bedenken errege und einer besonderen Ueberwachung unterstellt werden müsse. Auch die kurz vorher in Paris, namentlich durch *Parent-Duchatelet* in sehr umfassender Weise ausgeführten Nachforschungen hatten eher dahin geführt, die Besorgnisse zu mindern, als ihre Voraussetzungen thatsächlich festzustellen. Die Folge davon war, dass man sowohl bei uns als in Frankreich nur in geringem Umfange und sehr allmählich besondere Vorkehrungen zur Abwehr der vermuthlichen Schädlichkeiten traf.

Einen anderen Gang nahmen die ärztlichen Untersuchungen in England. Nicht nur der Zusammenhang gewisser kleinerer und grösserer Epidemien, namentlich der Gruppenerkrankungen beim Typhus (*typhoid fever*) und bei der Cholera, wurden durch eine Reihe genauerer Localuntersuchungen zu einem hohen Grade von Wahrscheinlichkeit gebracht, sondern fast noch mehr fesselte das verhältnissmässig hohe Sterblichkeitsverhältniss in den Städten, zumal in den grossen, die öffentliche Aufmerksamkeit. Noch in der Zeit von 1850—1859 betrug die Sterblichkeit in den Städten 26,7, auf dem Lande dagegen nur 18,4 *pro mille* der Bevölkerung; ja in einzelnen Städten, z. B. in Liverpool und Manchester, erreichte diese Ziffer die beträchtliche Höhe von 35,37 und von 35,70 *p. m.* Man schloss daher und gewiss mit Recht, dass in den Städten eine verhältnissmässig grosse Zahl ungünstiger Lebensbedingungen vorhanden sei, deren Beseitigung eine grosse Zahl von Menschenleben retten könne, und man ging sehr bald energisch an das Werk, die aufgefundenen Uebelstände soweit als möglich zu beseitigen. Das im Jahre 1848 erlassene Gesetz zur Verbesserung des öffentlichen Gesundheitszustandes nimmt als Maassstab die durchschnittliche Sterblichkeit des ganzen Landes und gestattet das zwangsweise Vorgehen der Gesundheits-Behörde überall da, wo die Sterblichkeits-Ziffer von 23 *p. m.* überstiegen würde.

Seit dieser Zeit ist eine immer mehr zunehmende Zahl von Städten in England mit ausgedehnten und systematisch angelegten Abzugskanälen versehen worden, deren Wirkung durch die schon seit längerer Zeit eingeführten und daher sehr zahlreichen Water-Closets begünstigt wurde. Der Gesundheitszustand und namentlich das Sterblichkeitsverhältniss hat sich seitdem in mehreren Städten erheblich gebessert; insbesondere ist immer Liverpool hervorgehoben worden, wo die Sterblichkeits-Ziffer von 36 *p. m.* auf 29 und 26, ja 1860 sogar auf 24,2 *p. m.* zurückgegangen ist. Es muss jedoch schon hier bemerkt werden, dass dies erfreuliche Ergebniss keineswegs der Kanalisation allein zugeschrieben werden darf. Die Stadt Liverpool hat im Laufe jener Jahre die Summe von 3 Millionen Pfd. aufgewendet, um in den verschiedensten Richtungen, namentlich auch in Beziehung auf die Wohnungen, bessere Lebensbedingungen herzustellen.

Die englischen Vorbilder sind entscheidend geworden für die nächsten Schritte, welche bei uns geschahen. Aber es ist wohl zu erwägen, dass bei uns keineswegs wie in England das Sanitätsinteresse entscheidend und leitend war, sondern dass ganz andere Bedürfnisse im Vordergrund standen. Vor Allem war es die Schwierigkeit, bei den geringen Höhedifferenzen des Bodens in Berlin einen genügenden Abfluss für die Rinnsteine herzustellen, welche zur Abhülfe aufforderte. Die in den Rinnsteinen stagnirenden Flüssigkeiten zersetzten sich und verpesteten die Luft an vielen Orten, und zur Zeit grosser Regenfälle waren hinwiederum die Rinnsteine nicht ausreichend, den sich anhäufenden Wassermassen genügenden Ablauf zu sichern. Mit dem Wachsen der Stadt kam dazu die Beeinträchtigung des Verkehrs, ja die Gefahr, welche die tief einschneidenden Rinnsteine nothwendig im Gefolge hatten. Die grosse Zahl von Projecten, welche seit 1816 die Aufmerksamkeit der Behörden und der Bürger beschäftigt haben, war überwiegend auf Zufuhr grösserer Wassermassen zu den Rinnsteinen gerichtet gewesen, obwohl auch schon unter ihnen einzelne eine geregelte Abfuhr in besonderen Gefässen in's Auge fassten. Keines von ihnen fand ungetheilten Beifall, und als auch die seit 1852 in's Leben getretene Wasserleitung sich als nicht genügend auswies, die Reinlichkeit der Rinnsteine in genügender Weise herbeizuführen, so entschloss sich der Herr Handelsminister, den Geheimen Oberbaurath *Wiebe* zu einer speciellen Prüfung der an anderen Orten bestehenden Einrichtungen zu entsenden. Die Ergebnisse dieser Reise liegen in dem 1861 veröffentlichten Werke „Ueber die Reinigung und Entwässerung der Stadt Berlin" vor.

Das von *Wiebe* ausgearbeitete Project, welches sich eng den neueren Mustern der englischen Städte anschliesst, hat den Standpunkt der Beurtheilung solcher Anlagen gegen früher wesentlich erweitert. Indem es ein ausgedehntes und von der Spree, soweit sie die Stadt berührt, fast unabhängiges Kanalsystem aufstellt, löst es nicht nur die Aufgabe, ein genügendes Gefälle für die Rinnsteine zu schaffen, die öffentlichen Flussläufe innerhalb der Stadt rein zu erhalten und den Raum der Rinnsteine der Strassenbreite zuzufügen, sondern es nimmt zugleich die ungleich schwierigere Aufgabe auf, alle menschlichen Auswurfsstoffe und flüssigen Abfälle so schnell als möglich aus den Wohnungen und aus der Stadt zu entfernen. Es umfasst also, so zu sagen, zugleich die bis dahin im Vordergrunde stehende Aufgabe der Strassenbau-Polizei und die neu hinzugetretene der Sanitäts-Polizei. Denn es kann nicht bezweifelt werden, dass gerade die Frage nach der schnellsten Entfernung der menschlichen, thierischen und pflanzlichen Abfälle ein wichtiges Gebiet der Sanitäts-Polizei trifft.

Es liegt auf der Hand, dass die zwei Seiten der Aufgabe, welche das *Wiebe*'sche Project gemeinschaftlich zu lösen versucht, nicht nothwendig in dieser Vereinigung gefasst werden müssen. Und so hat sich die Opposition, namentlich gestützt auf das durch *Liebig* in den Vordergrund geschobene Interesse der Landwirthschaft, gerade dahin concentrirt, die Frage nach der Ableitung des Regen- und Hauswassers von der Frage nach der Entfernung der Auswurfs- und Abfallsstoffe zu trennen. Auch die von dem Herrn Minister für die landwirthschaftlichen Angelegenheiten abgesendete Commission erklärt sich in ihrem 1865 veröffentlichten Berichte für eine Trennung der beiden Aufgaben; sie will einerseits die Anlage von Sielen zur Abführung des Haus- und Regenwassers, andererseits die Organisation eines alle Abgänge umfassenden Abfuhrsystems, und zwar in letzterer Beziehung bei allen Neu- und möglichst auch bei Reparaturbauten Einführung eines bestimmt vorgeschriebenen Tonnensystems für die Abtrittsstoffe.

Es kann nicht unsere Aufgabe sein, die beiderseitigen Projecte in Beziehung auf ihre Bedeutung für die Landwirthschaft und, was damit zum Theil zusammenhängt, in finanzieller Beziehung zu prüfen. Denn wir sind der Meinung, dass die Rücksicht auf die öffentliche Gesundheitspflege, wie in England allgemein anerkannt ist, absolut entscheiden muss, und dass es dabei auf ein Mehr oder Weniger an Ausgaben um so weniger ankommt, als die Ersparung von Menschenleben für Staat und Gemeinde zugleich die beste Finanzmaassregel ist. In England hat man den Werth der verminderten Sterblichkeit und Krankheit nach vollkommen zulässigen Sätzen in Geld berechnet und für die Stadt Liverpool einen jährlichen Gewinn von 617,500 Pfd. festgestellt. Es dürfte schwer sein, einer solchen Rechnung eine ähnlich günstige vom landwirthschaftlichen Standpunkt entgegenzustellen. Die Stadt Manchester, welche das am meisten durchgeführte Abfuhrsystem besitzt, hat dafür eine jährliche Reinausgabe von über 1 Thaler pro Haus zu zahlen, und ihr Gesundheitszustand ist ein durchaus unbefriedigender.

Es muss jedoch anerkannt werden, dass die Verbindung der Frage nach der Wasserableitung mit derjenigen nach der Entfernung der Auswurfsstoffe in dem *Wiebe*'schen Project für die Stadt Berlin keine willkürliche ist. Mit Recht hebt Herr *Wiebe* in dem uns mitgetheilten Gutachten hervor, dass schon jetzt der dritte Theil der Häuser in Berlin bis in die oberen Geschosse mit Wasserleitung versehen ist, und dass es sich durch keine polizeilichen Maassregeln hindern lässt, dass nicht wenigstens der Urin mit dem Küchenwasser hinabgespült wird. Nach den uns vorliegenden amtlichen Berichten betrug am Schlusse des Jahres 1866 die Zahl der mit Water-Closets versehenen Häuser in Berlin 1446. Wenn nun allgemein anerkannt ist, dass gerade der Urin die für die landwirthschaftlichen Zwecke am meisten werthvollen Stoffe enthält, und wenn die Unmöglichkeit zugestanden werden muss, die Besitzer der mit Wasserleitung und Water-Closets versehenen Häuser zu zwingen, zu einem ganz anderen System zurückzukehren, so ergiebt sich einfach, dass auch bei einer zunächst wesentlich auf Ableitung des Regen- und Küchenwassers abzielenden Sielanlage die Rücksicht auf die Zuleitung anderer, mit Harn und Auswurfsstoffen gemischter Flüssigkeiten sich nicht ausschliessen lässt. Dies lehrt nicht nur das Beispiel von Paris, sondern auch der fruchtlose Kampf der Berliner Polizei gegen die Verunreinigung der Rinnsteine mit derartigen Stoffen. Es könnte sich also nur darum handeln, ob man, wie es in Manchester mit sehr zweifelhaftem Erfolge geschehen ist, sich der ferneren Einrichtung von Water-Closets geradezu widersetzen will.

Gehen wir nun auf die sanitätspolizeiliche Frage näher ein, so müssen wir von vornherein feststellen, dass die Gesundheitsverhältnisse der Stadt Berlin ein so ungünstiges Bild nicht gewähren, wie es die grossen Städte Englands vor der Einführung der Kanalisation darboten. Die Sterblichkeit betrug in der Zeit von 1851—1860 in Berlin im Durchschnitt 26,7 $p.\ m.$ der Bevölkerung; für ganz Preussen dagegen berechnete sich im Jahre 1858 die ungleich höhere Zahl von 29,2 $p.\ m.$ Freilich setzt sich diese letztere Zahl aus sehr ungleichen Ziffern für die Sterblichkeit der einzelnen Provinzen zusammen, denn während diese 1851—1860 in der Provinz Preussen 35,8 $p.\ m.$ betrug, erreichte sie in Westfalen nur 24,7 $p.\ m.$ In der Provinz Brandenburg betrug sie 25,9 und im Regierungsbezirk Potsdam, der doch zunächst in Vergleich zu ziehen ist, 26,1 $p.\ m.$, so dass also die der Hauptstadt benachbarten, überwiegend ländlichen Bezirke nur um 0,8 und um 0,6 $p.\ m.$ günstiger, als sie selbst, gestellt waren.

Es muss ferner in Betracht gezogen werden, dass die Berliner Sterblichkeitsverhältnisse sich seit einem halben Jahrhundert stetig gebessert haben. Die Sterblichkeit betrug nämlich:

1801—1810: 1 Todter auf 25,18 Einwohner,
1841—1850: 1 „ „ 37,74 „
1855—1860: 1 „ „ 37,33 „

Ja, selbst wenn man sie mit der um ein ganzes Jahrhundert zurückliegenden Zahl für

1761—1770: 1 Todter auf 31,54 Einwohner

vergleicht, so ist sie neuerlich eine sehr viel günstigere. Freilich hat sich auch die Sterblichkeit im ganzen Lande vermindert:

1778: 1 Todter auf 28,00 Einwohner,
1811: 1 „ „ 25,73 „
1843: 1 „ „ 34,80 „
1855: 1 „ „ 31,25 „
1858: 1 „ „ 34,13 „

Man ersieht daraus, dass die Sterblichkeit in der Hauptstadt in viel stärkerer Proportion abgenommen hat, als im ganzen Lande, und es bietet sich daher in keiner Weise ein Maassstab, wie ihn das englische Gesetz angenommen hat.

Es soll damit keineswegs gesagt werden, dass in den Sanitätsverhältnissen der Hauptstadt nichts gebessert werden könne, sondern nur, dass dieselben im Vergleich mit den Verhältnissen des ganzen Landes durchaus günstig sind. Wir glauben freilich auch folgern zu müssen, dass noch jetzt die Befürchtungen, welche man aus dem Zustande unserer Rinnsteine, unserer Abtritte und unserer öffentlichen Stromläufe herleitet, über die Wirklichkeit hinausgreifen, und dass es ganz falsch sein würde, wenn man aus Vergleichen der Berliner Sterblichkeit mit der in anderen grossen Städten des Continents sofort Schlüsse auf den Einfluss der Abtritte und Cloaken begründen wollte. Wien hatte trotz seiner Lage an einem der grössten und wasserreichsten Ströme 1851—57 im Durchschnitt eine Sterblichkeit von 40,5 $p.\,m.$ Leipzig, welches die Commissarien des landwirthschaftlichen Ministeriums besonders hervorheben, weil daselbst die Anlegung von Water-Closets und der Einlass von Urin und Auswurfsstoffen in die Siele nicht gestattet ist, hatte trotz Abfuhr der Excremente 1858 eine Sterblichkeit von 25,9 und 1861 von 25,7 $p.\,m.$ Dagegen Frankfurt a. M., welches eben im Begriff steht, eine geordnete Kanalisation nach englischem Muster vorzunehmen, hatte 1860—62 nur eine Sterblichkeit von 18,2 $p.\,m.$

Die Verhältnisse, welche Gesundheit und Sterblichkeit der Bewohner in den grossen Städten bestimmen, sind so zusammengesetzter Art, dass es unzulässig ist, eine einzige Bedingung hervorzuheben als den Grund der Verschlechterung oder der Verbesserung der Sanitätsverhältnisse. Dies gilt sowohl gegen die Freunde der Kanalisation, welche die Einflüsse der letzteren auf die Verbesserung der Gesundheitszustände in England ganz einseitig gepriesen haben, wie gegen die Gegner, welche alle mögliche Schuld, z. B. bei dem Eintreten von Epidemien, den Kanälen anrechnen. Wir erinnern in dieser Beziehung an Croydon, welches die Freunde der Kanalisation als die eigentliche Musterstadt hinstellen, während die Gegner den Ausbruch einer schweren Typhus-Epidemie zu Ende des Herbstes 1852 gerade den Ausströmungen der Kanäle zuschreiben. Von 16000 Einwohnern erkrankten damals 1800 und 60 davon starben.

Derartige Fragen lassen sich nur durch ein eingehendes Studium der einzelnen Erkrankungen ergründen, und wir müssen leider hervorheben, dass es in dieser Beziehung noch fast ganz an den Vorarbeiten für Berlin fehlt. Wir erfahren nur, dass eine erhebliche Verschiedenheit in der

Sterblichkeit auf beiden Spree-Ufern besteht, so dass 1853 bis 1856 auf der rechten Seite der Stadt die Sterblichkeit durchschnittlich 29, auf der linken dagegen nur 22 $p. m.$ betrug. In der linken Stadthälfte war demnach das Normalmaass der Sterblichkeit, wie es die *Public Health Act* voraussetzt, noch nicht einmal erreicht, und wir können sagen, dass vom sanitätspolizeilichen Standpunkt aus ein ungleich höheres Bedürfniss nach Verbesserungen auf dem rechten, als auf dem linken Spree-Ufer besteht. Vergleicht man noch kleinere Stadttheile unter einander, so ergeben sich noch grössere Differenzen, welche z. B. für den Zeitraum von 1853—56 die Höhe von 27 $p. m.$ (nämlich 18 $p. m.$ als Minimum und 45 als Maximum) erreichen.

Auch das Studium der Epidemien hat wenig genauere Anhaltspunkte ergeben. Nur für die Cholera besitzen wir eingehendere Arbeiten, indess sind sie keineswegs entscheidend. Schon *Magnus* machte 1841 darauf aufmerksam, dass einerseits am Schleusenkanal zwischen der Insel- und Gertraudtenbrücke die meisten Kanal-Mündungen sich finden und die zu denselben gehörenden Kanäle aus dem schmutzigsten Theile der Stadt kommen, andererseits hier gewöhnlich die ersten Cholerafälle sich zeigten und später die Krankheit gerade in diesem Theile der Stadt die meisten Opfer forderte. Er war daher geneigt, der Cloakenluft einen bestimmten Einfluss zuzusprechen. Allein die grosse Epidemie des Jahres 1866 hat die Voraussetzungen, welche dieser Auffassung zu Grunde liegen, keineswegs in deutlicher Weise bestätigt. Ebenso bedarf einer weiteren Bestätigung die Angabe, welche sich in dem uns mitvorgelegten Berichte des Polizei-Präsidiums befindet, wonach die mit Water-Closet-Einrichtungen versehenen Häuser von der Cholera-Epidemie des Jahres 1866 im Allgemeinen mehr verschont geblieben schienen, als solche, welche derartige Einrichtungen nicht enthalten. Wenigstens ergiebt eine Vergleichung der officiellen Choleralisten, dass in den Polizei-Revieren 4, 5, 8—10, 12, wo keine Water-Closets sind, die Zahl der Erkrankungen nur zwischen 9,1—16,4 $p.\,m.$ der Einwohner schwankte, während sie in dem Revier 42, wo 118 Häuser mit Water-Closets versehen sind, 18,2 $p.\,m.$ und in dem Revier 1 bei 46 Häusern mit Water-Closets gleichfalls 16,4 $p.\,m.$ betrug. Indess wäre es möglich, dass eine weitere Analyse dieser Zahlen mit Rücksicht auf die einzelnen Häuser die Ansicht des Polizei-Präsidiums bestätigte, was gewiss für die hier zu behandelnde Frage von grosser Wichtigkeit wäre.

Unzweifelhaft ist dagegen die Thatsache aus der letzten Cholera-Epidemie, dass die Bewohner der Kellergeschosse am stärksten heimgesucht worden sind, denn es fand sich hier eine Sterblichkeit von 11,6 $p.\,m.$ der Bewohner, während die allgemeine Sterblichkeit nur 9,2 $p.\,m.$ erreichte. Schwerlich wird man aber behaupten können, dass diese ungewöhnliche Gefährdung des Lebens der Bewohner in einem unmittelbaren Zusammenhange mit der Latrinenfrage steht. Dagegen glauben wir darauf aufmerksam machen zu müssen, dass die Kanalisationsfrage allerdings damit im Zusammenhange steht, und dass sie, auch ganz abgesehen von der Lösung der Latrinenfrage, insofern ein ganz erhebliches sanitätspolizeiliches Interesse darbietet.

Wenn nämlich ein System tief liegender Kanäle angelegt wird, in der Art, dass die Sohle der Kanäle oder gar die Kanäle in ihrer Gesammtheit in das Grundwasser eintauchen, so wird damit eine starke Drainage des Erdbodens herbeigeführt. Denn auch die dichtesten Kanäle scheinen eine gewisse Durchdringlichkeit der Wände zu bewahren, so dass ein Durchsickern der Bodenfeuchtigkeit in die Kanäle stattfindet. Jedenfalls haben die Erfahrungen in Hamburg und Altona gelehrt, dass mit der Anlage der Kanäle das Grundwasser sinkt, dass die Kellerwohnungen trocken werden, so dass sogar bei Häusern, welche auf Holzrosten erbaut sind, die Unterlagen unsicher werden. Leider besitzen wir bis jetzt keinerlei sichere Beobachtungen über das Grundwasser von Berlin, obwohl dieselben eine der ersten Vorbedingungen für eine weitere wissenschaftliche Beurtheilung sind; alle Versuche, uns thatsächliche Unterlagen in dieser Beziehung zu verschaffen, sind erfolglos geblieben. Aber es kann als notorisch angenommen werden, dass an zahlreichen Punkten Berlins der Stand des Grundwassers bis auf wenige Fuss unter der Bodenfläche heraufreicht, dass die Mauern und Fundamente vieler Gebäude dadurch feucht erhalten werden, und dass namentlich der üble Zustand vieler Kellerwohnungen gerade der Feuchtigkeit des Fussbodens und der Wände zuzuschreiben ist. Zieht man nun in Erwägung, dass nach der Zählung der städtischen Commission vom 3. December 1864 in Berlin 55,942 Menschen in (11,985) Kellerwohnungen leben, dass in einzelnen Stadtbezirken, namentlich auf dem rechten Spree-Ufer, die Kellerwohnungen 9—13 pCt. aller vorhandenen Wohnungen ausmachen, so wird man wohl kaum umhin können, diesen Verhältnissen bei der Beurtheilung der örtlichen Differenzen der Sterblichkeit eine besondere Bedeutung beizulegen, und es darf ebenso wohl mit Zuversicht erwartet werden, dass durch eine tiefgelegte Kanalisation eine erhebliche Besserung eintreten wird. Allein diese wird nicht durch eine Sielanlage im Sinne der landwirthschaftlichen Commission zu erreichen sein, sondern nur durch eine in das Grundwasser-Terrain einschneidende Kanalisation im Sinne des *Wiebe*'schen Projects.

Der Gesichtspunkt, die anzulegenden Kanäle zugleich

als Einrichtungen zur Drainirung des Erdbodens, als eigentliches Entwässerungsmittel zu benutzen, ist in dem Werke des Geheimen Ober-Bauraths *Wiebe* S. 205 nur in einem sehr beschränkten Sinne angedeutet und auch in der Abhandlung desselben über die Reinigung und Entwässerung der Stadt Danzig S. 15, obwohl schon sehr viel freier behandelt, doch noch nicht in vollem Maasse anerkannt. Demselben ist eine ungleich grössere Tragweite bei der Beurtheilung der zu treffenden Anlagen einzuräumen. Denn es sind nicht blos die Keller, welche durch hohes Grundwasser leiden, sondern die Beschaffenheit der Luft überhaupt wird dadurch bestimmt. Aus dem Grundwasser erheben sich namentlich bei gewissen Witterungsverhältnissen Wassermassen in dunstförmiger Gestalt in die darüber stehenden Luftschichten, aus denen sie gelegentlich in Form von Nebeln und feuchten Niederschlägen wieder verdichtet werden. Diese Wasserdünste, welche namentlich in umschlossenen Hof- und Gartenräumen lange Zeit stagniren können, bringen aus dem Boden allerlei organische Stoffe mit, die theils schon im Boden in Zersetzung waren, theils erst nach ihrer Erhebung in die Atmosphäre in Zersetzung eintreten. Schon seit langer Zeit ist man zu der Meinung gelangt, dass solche schlechte Luft (*Malaria*) die Quelle von Wechselfiebern ist, und man hat nicht ohne Grund vermuthet, dass auch andere, seien es acute Krankheiten, wie die Ruhr, seien es chronische Schwächezustände, wie die Skrophulose, dadurch begünstigt werden. Auch für die Cholera und den Typhus sind schon seit Decennien zahlreiche Thatsachen ermittelt, welche auf ähnliche Einflüsse hinweisen, indess hat doch erst seit den Arbeiten von *Pettenkofer* und *Buhl* die allgemeine Aufmerksamkeit sich auf diese Umstände hingelenkt, und man hat sich daran gewöhnt, in vielleicht zu einseitiger Weise das Grundwasser als die Quelle für die Entstehung der Krankheit erregenden Agentien anzusehen. Die Staats- und die Stadtverwaltung dürfen sich daher der Erwägung nicht entziehen, dass in den Zuständen des Grundwassers eine der wichtigsten Quellen der Verschlechterung der Luft gegeben ist, und wenn wir es als eine der dringlichsten Aufgaben der Sanitätspolizei bezeichnen müssen, dass recht bald auch in unserer Stadt vergleichende Beobachtungen über die Höhen des Grundwassers und über den Gang der Morbilität und Mortalität der Bevölkerung angestellt werden möchten, so können wir doch, ohne das Ergebniss dieser Untersuchungen im Einzelnen abzuwarten, auf die wohlthätigen Folgen systematischer Drainirung des Erdbodens im Allgemeinen verweisen und schon aus diesem Grunde die **Tieflage der Abzugskanäle bei starkem Gefälle** derselben als eines der Haupterfordernisse einer jeden Siel- oder Kanalanlage für Berlin bezeichnen. Starkes Gefälle ist, wie der *Wiebe*'sche Bericht mit Recht betont, durchaus nothwendig, weil nur dadurch die Stagnation des Kanalinhaltes und damit die Verderbniss desselben gehindert werden kann.

Berlin hat nach den officiellen Zählungen, welche aus bekannten Gründen nicht unerheblich hinter der Wirklichkeit zurückbleiben, seit 1851 allein durch die Cholera 18,806 Menschen verloren. Wie gross die Sterblichkeit am Typhus ist, lässt sich bei der ungenügenden Einrichtung unserer Mortalitätslisten nicht genau beurtheilen, indess ist es leicht zu constatiren, dass wir jedes Jahr kleinere oder grössere Epidemien davon haben. Die veröffentlichten Listen des statistischen Bureaus weisen für die Zeit von 1843—60 unter den Todesfällen in der Stadt Berlin nach an Typhus (Nervenfieber) 3392
an sporadischem gastrisch-nervösem Fieber . . . 4714
in Summa . 8106

also jährlich im Durchschnitt 450 Fälle. Gerade beim Typhus kommt es aber nicht blos auf die Mortalitätszahlen an, da die Krankheit durch ihre langsame Reconvalescenz und ihre häufigen Nachkrankheiten auch da, wo sie nicht zum Tode führt, schwere Verluste nach sich zieht. Noch weniger können die Mortalitätslisten bei Wechselfieber, Ruhr und allen den chronischen Krankheitszuständen entscheiden, welche für unseren Zweck herangezogen werden könnten; da aber Morbilitätslisten erst seit ganz kurzer Zeit und leider ohne die genügende Unterstützung Seitens der Staatsbehörden von dem städtischen statistischen Amte veröffentlicht werden, so müssen wir uns darauf beschränken zu sagen, dass in manchen Jahren die erwähnten Krankheiten in Berlin in grosser Zahl vorkommen.

Krankheiten dieser Art gehören nach dem englischen Ausdruck zu den **vermeidbaren**, da sie nur dann eintreten, wenn gewisse, mit dem Aufenthalt, namentlich mit dem Wohnen der Menschen verknüpfte Schädlichkeiten auf den Körper einwirken, und da sie vermieden werden können durch Aenderung des Aufenthalts und durch Beseitigung der Schädlichkeiten. Es muss daher auch als eine Aufgabe der Sanitätspolizei anerkannt werden, auf die Beseitigung dieser Schädlichkeiten hinzuwirken. Mag immerhin der durchschnittliche Satz der Sterblichkeit in **Berlin im Verhältniss zu der Sterblichkeit des alten Preussens** ein günstiger sein, so ist er dies doch schon nicht mehr, wenn wir die neuen Provinzen hinzurechnen. Die Mortalitätszahlen für Hannover z. B. sind günstiger, als die der günstigst gestellten unserer alten Provinzen, Westfalens (1:40,89 gegen 1:40,40). Noch mehr fällt in das Gewicht das um so viel günstigere Verhalten der Bevölkerung auf dem linken Spreeufer, welches einen deutlichen Fingerzeig liefert, wo die bessernde Hand anzulegen ist.

Wenden wir uns nach dieser Betrachtung der allgemeinen sanitätspolizeilichen Gesichtspunkte zu einer speciellen Erörterung der Frage von der Entfernung der Auswurfsstoffe, so glauben wir unseren späteren Auseinandersetzungen am besten vorzuarbeiten, wenn wir in Kürze die Wege und die Formen bezeichnen, in welchen die für die Gesundheit nachtheiligen Stoffe den Bewohnern zugeführt werden können.

Was zunächst die Wege betrifft, so sind es hauptsächlich zwei, der durch das Wasser und der durch die Luft. Unter Wasser ist im Wesentlichen Trinkwasser zu verstehen, da das zum Kochen und Zubereiten der Speisen verwendete Wasser in der Regel seine schädlichen Eigenschaften durch die Einwirkung der höheren Temperatur verliert. Bei dem Trinkwasser können wir für unseren Zweck von dem Wasser der Wasserleitung absehen, insofern dasselbe ausserhalb des Stadtgebietes geschöpft und (bis auf vereinzelt vorgekommene Fälle) durch Filtration gereinigt ist. Es bleibt also für unsere Untersuchung nur das Wasser der öffentlichen und Privatbrunnen. Dieses Wasser ist, wie die Luft, die wir athmen, der Verunreinigung durch Auswurfsstoffe und deren Zersetzungsproducte ausgesetzt, und zwar sind es beide, Luft und Wasser, in doppelter Weise, nämlich direct und indirect.

Direct wird die Luft verunreinigt durch gasförmige Stoffe, welche in Form von Exhalationen aus den verschiedenen Orten, in denen die Excremente, der Harn, die Küchenabfälle u. s. w. sich befinden, emporsteigen. Es kann dies nicht blos aus Abtritten, Senkgruben, Schlammfängen, Rinnsteinen, sondern auch aus Water-Closets und Kanälen (Sielen), aus Flüssen und Gräben geschehen.

Indirect erfolgt die Verunreinigung der Luft, indem die excrementitiellen Stoffe oder ihre Zersetzungsproducte von den zuletzt genannten Orten aus in die Nachbarschaft, namentlich in das umgebende Erdreich eindringen, und erst von hier aus, indem sie an die Oberfläche des Bodens heraufsteigen, in die Luft übergehen. Auf diesem Wege können sie auch in das Grundwasser gelangen und sich mit demselben über grössere Strecken verbreiten. Indess ist es eine Einseitigkeit, anzunehmen, dass das Grundwasser jedesmal durch sie erreicht und verunreinigt werde. In manchen Fällen tränken sie eben nur die Oberfläche des Erdreiches und stellen selbst die Bodenfeuchtigkeit dar.

Auch das Brunnenwasser kann direct von Latrinenstoffen verunreinigt werden, wenn, wie es zuweilen geschieht, kleine Spalten oder Gänge sich von den Abtritten oder Schlammfängen aus zu den Brunnen bilden. Es ist bekannt, dass Ratten solche Gänge eröffnen. Auch kommt es vor, dass sich kleine unterirdische Rinnsale und Wasserläufe von Senkgruben aus bilden. In manchen Fällen geschieht auch ein Ueberlaufen der Abtrittsstoffe, so dass sie von oben her in den Brunnen einfliessen. Immerhin sind dies die seltneren Fälle.

Viel häufiger ist die indirecte Verunreinigung des Brunnenwassers von dem Grundwasser aus oder auch wohl von unterirdischen Quellen her, welche mit Abtrittsgruben u. s. w. in Verbindung treten. Grössere Regengüsse können schädliche Stoffe von der Oberfläche in die Tiefe führen, und obwohl ein grosser Theil jener Stoffe durch das Erdreich abfiltrirt wird, so geschieht es doch bei sehr oberflächlichem Stande des Brunnenwassers, — und grade Berlin hat viele Brunnen solcher Beschaffenheit, — dass die Filtration nicht vollständig wird und dass ein Theil der unreinen Stoffe bis zu dem Brunneninhalt gelangt.

In der Nähe von Flüssen, offenen Kanälen und Gräben können unreine Stoffe, welche in denselben enthalten sind, zumal bei Hochwasser, durch die Erde des Ufers in solche Brunnen gelangen, welche, wie es gleichfalls in Berlin vorkommt, unmittelbar am Ufer angelegt sind.

Das Grundwasser hat demnach eine doppelte Bedeutung. Es vermittelt sowohl den Transport verunreinigender Stoffe zum Brunnenwasser, als auch den Transport zur Atmosphäre. Steigt das Grundwasser, so wird ein vermehrtes Zuströmen zu den Brunnen erfolgen; sinkt dasselbe, so wird aus den trocken werdenden Schichten des Erdbodens eine vermehrte Ausdünstung an die Luft eintreten. Grund genug, seine Zustände mit sorgsamem Auge zu überwachen.

Was nun ferner die Formen angeht, unter welchen die unreinen Stoffe an Luft und Wasser übergehen, so können diese Stoffe sich im gasförmigen, im flüssigen oder im festen Zustande befinden. Denn, wie schon gesagt, auch die Luft nimmt nicht blos gasförmige Stoffe auf, sondern die dunstförmig, d. h. in feinvertheiltem flüssigen Zustande aufsteigenden Wassertheile können selbst feine, im festen Zustande befindliche Körper mit sich fortreissen und der Atmosphäre zuführen. Andererseits absorbirt das Wasser auch gasförmige Stoffe, während es sich von selbst versteht, dass sowohl flüssige, als feste, jedoch feinvertheilte oder an sich sehr kleine Körper ihm ohne Weiteres beigemischt werden können.

Diese unreinen Stoffe sind entweder die natürlichen Auswurfsstoffe oder Abfälle der Haushaltung, oder sie entstehen erst nachträglich aus der Zersetzung derselben, oder sie bilden sich als selbständige Entwickelungen mit und nach der Zersetzung. In letzterer Beziehung ist namentlich an das so überaus häufige Vorkommen kleiner, infusorieller Bildungen zu erinnern, meist den feinsten Formen der eigentlichen Infusorien, sowie der Pilze und Algen angehörig. Die Keime derselben, obwohl feste Körper, sind doch so fein, dass sie in die Luft emporgetragen und mit ihr fortbewegt werden, ja, dass sie in gewisser Zahl im Wasser vorhanden sein können, ohne dasselbe erkennbar zu trüben. In keiner Weise sind sie jedoch Zersetzungsproducte; häufig stellen sie vielmehr die Zersetzungs-Erreger (Fermente) dar.

Was die natürlichen Auswurfsstoffe und deren eigentliche Zersetzungsproducte angeht, so ist es bekannt, dass sie gleichfalls gasförmig, flüssig oder fest sein können. In ersterer Beziehung heben wir besonders hervor, dass mit den Excrementen sehr gewöhnlich Darmgase abgehen, welche keineswegs einfach den Zersetzungsproducten zugerechnet werden dürfen, obwohl zuweilen Zersetzungsgase einen wesentlichen Antheil an ihrer Zusammensetzung haben.

Ein erheblicher Theil der unreinen Stoffe hat einen üblen Geruch und macht sich leicht bemerkbar. Begreiflicherweise hat sich daher die Aufmerksamkeit gerade diesen Stinkstoffen zugewendet, und ein grosser Theil der Klagen über den Zustand der Rinnsteine und Cloaken, der Spree und ihrer Nebengräben, der Abtritte, Höfe und Thorwege in Berlin begründet sich auf die sehr eindringliche Wahrnehmung ihrer Anwesenheit. Ausgehend von der an sich ganz richtigen Vorstellung, dass stinkende Luft und stinkendes Wasser verunreinigt seien und dass reine Luft und reines Wasser zu den ersten Lebensbedingungen des Menschen gehören, hat man vor allen Dingen die Beseitigung solcher Zustände begehrt. So hat sich zuerst unter den Laien, später auch in wissenschaftlichen Werken die Meinung festgesetzt, dass die Stinkstoffe zugleich die gesundheitsgefährlichen oder kurzweg die schädlichen Stoffe seien, eine Meinung, welche noch gegenwärtig die Frage von der Desinfection so sehr erschwert.

Unter den riechenden Stoffen sind besonders der Schwefelwasserstoff und das Ammoniak, theils einzeln, theils vereinigt, die flüchtigen Fettsäuren, das Trimethylamin zu nennen. Unter diesen hat man schon seit längerer Zeit den zuerst genannten Stoff als die am meisten schädliche Substanz aufgeführt, und es lässt sich nicht leugnen, dass derselbe in einer gewissen Concentration wie ein starkes Gift wirkt. Plötzliche Todesfälle von Grubenarbeitern, welche kurz nach dem Einsteigen in Abtrittsgruben oder Kanäle erfolgen, werden mit Recht in erster Linie der Wirkung des angehäuften Schwefelwasserstoffes zugeschrieben. Geringere, aber fortgesetzte Einwirkungen desselben bringen mancherlei Krankheitszufälle, wenngleich keine besonders gefährlichen hervor. Allein die Quantitäten von Schwefelwasserstoff, welche von den Abtrittsgruben aus sich in die Luft verbreiten oder, an Flüssigkeiten gebunden, die Umgebungen der Gruben tränken, sind gewöhnlich nicht so gross, um ernste Gefahren herbeizuführen.

Unter den uns mitgetheilten Aktenstücken befindet sich ein Bericht des Dr. *Ziurek* über den Zustand der Schlammfänge in solchen Häusern, welche Water-Closets besitzen. Er zeigt darin, dass manche Häuser 3 in einander übergehende, durch Röhren verbundene Schlammfänge (Sammelgruben) besitzen, und dass der Reihe nach der Inhalt dieser Schlammfänge an Zersetzungsstoffen abnimmt. In dem ersten Schlammfang fand er einen Gehalt an freiem Schwefelwasserstoff, der zwischen 5,37 und 27,17 Cubikcentimeter per Litre wechselte; als Mittel aus 7 Analysen berechnet sich ein Gehalt von 11,02 Cubikcentimetern. In der zweiten Sammelgrube hatte dieser

Gehalt bedeutend abgenommen; denn im Mittel aus 7 Analysen (derselben Häuser) berechnet sich nur noch die Zahl 8,15; auch sind die Differenzen der einzelnen Gruben unter sich weit geringer, denn die Extreme schwanken nur zwischen 3,11 und 16,87. Eine dritte Sammelgrube, die einzige, deren Inhalt untersucht wurde, ergab 3,93 Cubikcentimeter Schwefelwasserstoff, während in demselben Hause die erste 9,17, die zweite 5,37 gezeigt hatte. Nur in einem einzigen, offenbar sehr ungewöhnlichen Falle fand sich die enorme Zahl von 43,11 Cubikcentimetern (Mittelstrasse 38), wogegen freilich ein andermal auch die niedrige Zahl von 2,13 (Schellingsstrasse 3) steht, beidemal für eine zweite Sammelgrube.

Das Gutachten des Dr. *Ziurek* legt diesen Befunden ein um so grösseres Gewicht bei, als sich die Spuren des Schwefelwasserstoffes in die offenen Strassen-Rinnsteine verfolgen liessen, und als ausser dem freien Schwefelwasserstoff und Schwefelammonium noch beträchtliche Quantitäten von gebundenem Schwefelwasserstoff, in Form von Schwefeleisen, Schwefelcalcium u. s. w. nachgewiesen wurden. Wir unterschätzen gewiss das Gewicht dieser Thatsachen nicht, indess müssen wir dieselben doch in einem weniger ungünstigen Lichte betrachten. Das Schwefelwasserstoff-Gas ist schwerer als atmosphärische Luft, und es bleibt daher um so länger und vollständiger in den Abtrittsgruben, Schlammfängen, Abzugskanälen, je mehr dieselben vor dem Zugange der atmosphärischen Luft geschützt sind. Es wird daher wohl denjenigen, welche sich in die Abtrittsgruben, Schlammfänge und Kanäle selbst begeben, gefährlich, aber selbst dann, wenn grosse Mengen davon sich entwickelt haben, nicht denjenigen, welche sich blos in der Nähe solcher Orte aufhalten oder dieselben für kurze Zeit benutzen. Ein grosser Theil des Schwefelwasserstoffes wird inzwischen durch Metalle und metallische Erden gebunden und bildet unlösliche oder schwerlösliche Niederschläge, welche an sich unschädlich sind und nur dadurch nachtheilig werden können, dass bei späterer Gelegenheit die Verbindung wieder gelöst und der Schwefelwasserstoff wieder frei gemacht wird. Wenn daher nach der von Dr. Ziurek gelieferten Tabelle schon in den ersten Schlammfängen mindestens die Hälfte, zuweilen ⅔ und ¾ des gesammten vorhandenen Schwefelwasserstoffes in gebundener Form, also in unschädlicher Verbindung auftritt, so folgt daraus eben der grosse Nutzen der Schlammfänge, namentlich gegenüber den offenen Rinnsteinen, in denen sicherlich ein grosser Theil des Schwefelwasserstoffes sich verflüchtigt haben würde. Aber keineswegs folgt aus der Differenz des Schwefelwasserstoff-Gehaltes der ersten und der zweiten Sammelgruben, dass ein grosser Theil des Schwefelwasserstoffes aus den ersten Sammelgruben an die Luft abgegeben sei. Es ist dies möglich, aber es würde nur durch eine Analyse der Luft aus der Nähe der Sammelgruben dargethan werden können. Wahrscheinlich wird jedoch nur ein kleiner Theil des Schwefelwasserstoffes in dieser Art entfernt, denn erfahrungsgemäss findet sich in der Nähe der Schlammfänge in Häusern mit Water-Closets kein so auffälliger Geruch, dass daraus auf eine sehr reichliche Abgabe von Schwefelwasserstoff an die Luft geschlossen werden kann. Der grösste Theil des Gases wird vielmehr allmählich gebunden. Durch Zusatz sogenannter Desinfectionsmittel, wie namentlich des Eisenvitriols, geschieht dies in einem noch höheren Maasse. Die in dem Entwurf zu einer Polizei-Verordnung §. 5 enthaltene Bestimmung, den Raum der Sammelgruben durch ein Rohr mit der Dachrinne in Verbindung zu setzen, dagegen jede andere Verbindung mit der Luft abzuschneiden, würde dagegen begreiflicherweise ganz erfolglos sein, da das schwere Schwefelwasserstoff-Gas jenen Weg zum Dache nicht einschlagen würde.

Aus den in den Akten befindlichen Berichten der DDr. *Pappenheim* und *Ziurek* geht ferner hervor, dass zuweilen Schwefelwasserstoff im Brunnenwasser Berlins vorkommt. Der erstgenannte Untersucher giebt an, in dem Wasser eines Privatbrunnens (Eichhornstrasse 3) im Jahre 1857 Schwefelwasserstoff im Betrage von 0,005 Gramm per Litre gefunden zu haben; indess im Jahre 1858 war das Wasser desselben Brunnens frei davon, und es wurde behauptet, dass jener Gehalt von dem grösseren oder geringeren Wasserverbrauch abhänge. Aehnlich scheint es sich auch in den anderen Fällen verhalten zu haben, und man ist daher nicht berechtigt, diese Erscheinung mit den Abtrittsgruben in Verbindung zu setzen. Vielmehr scheint es, dass schwefelsaure Salze, besonders Gyps, unter Umständen durch organische Stoffe, namentlich durch mikroskopische Algen so zersetzt werden, dass Schwefelwasserstoff frei wird.

Glücklicherweise ist der Geruch des Schwefelwasserstoffes noch penetranter, als sein Geschmack. Schon sehr kleine Mengen desselben im Wasser und in der Luft machen sich daher alsbald bemerkbar und mahnen zur Vermeidung, beziehentlich zur Entfernung der stinkenden Stoffe. So erklärt es sich wohl, dass im Allgemeinen der Nachtheil dieser Stoffe auf den Körper lange nicht so gross ist, als es die unangenehmen Eindrücke derselben auf unser Geruchsorgan wahrscheinlich machen mögen. Jedenfalls sind wir ausser Stande, bestimmte Krankheiten aufzuführen, welche in Berlin auf die Stinkstoffe der Abtrittsgruben und Water-Closets bezogen werden könnten; am wenigsten ist man berechtigt, bestimmte Epidemien damit in Verbindung zu bringen. Denn was von dem Schwefelwasserstoffe gilt, das ist im Grossen und Ganzen auch von den übrigen Riechstoffen auszusagen.

In England ist man daher schon seit längerer Zeit dahin gekommen, die schädlichen Stoffe von den stinkenden zu unterscheiden. Die englischen Berichte enthalten in dieser Beziehung Zeugnisse sehr zuverlässiger Männer, unter denen wir die Ingenieure *Rawlinson* und *Whitehead* hervorheben, wonach bei grossem Gestank der Kanäle und Flüsse der öffentliche Gesundheitszustand günstig war, und umgekehrt selbst bei klarem Wasser epidemische Krankheiten ausbrachen. Leider ist es bis jetzt nicht gelungen, weder auf chemischem, noch auf mikroskopischem Wege Stoffe oder Körper von bestimmt erkennbaren Merkmalen zu isoliren, welche als die Träger der schädlichen Eigenschaften angesehen und bei vorkommender Gelegenheit aufgesucht werden könnten. Nicht einmal das ist festgestellt, ob die schädlichen Eigenschaften an gewissen kleinen Organismen, wie an mikroskopischen Pilzen, haften oder ob sie an gewisse chemische Verbindungen geknüpft sind. Unser Wissen beschränkt sich darauf, dass gewisse Arten von unreiner Luft oder von unreinem Wasser, also Gemische von unbekannter Zusammensetzung, im Stande sind, Krankheiten zu erzeugen.

Die einzige Ausnahme davon machen einige chemische Verbindungen, wie der Salpeter, die Chloralkalien und die schwefelsauren Alkalien, welche zu einem gewissen Theil auf menschliche und thierische Abfälle zurückgeführt werden können. Die ausgezeichneten Untersungen von *Carl Schmidt* und von *Weltzien* über die Trinkbrunnen in Dorpat und Carlsruhe haben diese Thatsache über allen Zweifel festgestellt. Für Berlin ist das Vorkommen von Salpeter und Kalksalpeter im Brunnenwasser schon im vorigen Jahrhundert durch *Rose* nachgewiesen worden; *Pappenheim* und

Ziurek haben es neuerlichst bestätigt, jedoch fehlt es an ausreichenden Untersuchungen. Auf den sehr wechselnden Gehalt an Chlorverbindungen hat besonders *Pappenheim* aufmerksam gemacht; er fand Extreme von 0,056 und von 0,266 Gramme per Litre. Allein er leitete, offenbar ohne zureichenden Grund, diesen Gehalt von dem Erdboden ab, während es viel wahrscheinlicher ist, dass derselbe zu einem grossen Theil auf menschliche Ausscheidungen, namentlich auf durchsickernden Harn zu beziehen ist.

Diese Verunreinigungen des Trinkwassers haben insofern eine nicht zu unterschätzende Bedeutung, als sie eine Neigung zu Diarrhöe hervorrufen und zu schwereren Erkrankungen z. B. in Cholerazeiten beitragen können. Trotzdem sind sie, für sich betrachtet, von weniger entscheidender Bedeutung, und man wird Bedenken tragen müssen, ihnen in Beziehung auf die Erklärung der Mortalität überhaupt oder gewisser Epidemien insbesondere einen bestimmten Werth beizulegen. Indess dienen sie, gleich den Stinkstoffen, als Fingerzeige für gewisse Quellen der Verunreinigung und es wird zugestanden werden müssen, dass ein Gehalt an Salpeter und ein grösserer Gehalt an Chlorverbindungen auf die Möglichkeit hinweist, dass auch andere Stoffe von grösserer Bedeutung, namentlich organische Körper, ihren Weg in das Brunnenwasser finden können.

Nach dem Berichte des Polizei-Präsidiums vom 16. Januar 1866, der uns vorliegt, haben sich die Klagen über die Verschlechterung des Trinkwassers in Berlin seit 40 Jahren, namentlich seit Einführung der Gasbeleuchtung, immer mehr gehäuft. Im Jahre 1864 kannte man unter den öffentlichen Strassenbrunnen, deren Zahl Ende 1865 sich auf 940 Pfosten mit 608 Kesseln belief, 86, welche ungeniessbares Wasser hatten. Davon waren 39 durch Leuchtgas verdorben, 24 durch thierische und 6 durch pflanzliche

Stoffe; 17 hatten einen zu grossen Eisengehalt. Jedoch war nur Ein öffentlicher Brunnen wegen Verunreinigung durch Leuchtgas polizeilich geschlossen. Ueber die etwa 14,400 Privatbrunnen war nichts Genaueres bekannt.

Inzwischen hatte die Sanitäts-Commission für Berlin schon im August 1865 eine bis in's Einzelne gehende Localrecherche über den Zustand der Brunnen und Latrinen und dessen etwaigen Zusammenhang mit der Mortalität in den einzelnen Häusern von 4 Strassen (Garten-, Potsdamer-, Stralauer- und Langestrasse) angeordnet. Der Generalbericht über diese Recherchen ist erst am 18. Juli d. J. vertheilt worden. Es ergiebt sich daraus das bemerkenswerthe Resultat, dass an keiner Stelle eine nachweisbare Verunreinigung der Brunnen durch Latrinenstoffe vorhanden war, obwohl die Beschaffenheit des Brunnenwassers vielfach darauf hinzudeuten schien. Von 171 untersuchten Privatbrunnen hatten 105 gutes, 45 mittelmässiges, 16 schlechtes und 5 sehr schlechtes Wasser. Indess muss bemerkt werden, dass die Untersuchung in einer für den Zweck sehr ungünstigen Zeit, gegen Ende des Jahres 1865 vorgenommen wurde, und dass ausgedehntere chemische Untersuchungen unterblieben. Der erstattete Bericht erklärt, dass auch in Beziehung auf die Gesundheitsverhältnisse der einzelnen Häuser sich nichts ergeben habe. In dieser Beziehung lässt sich jedoch Manches einwenden. Wir beschränken uns darauf hervorzuheben, dass sich in Beziehung auf die Cholera-Epidemie des Jahres 1866 allerdings ein nicht unerhebliches Resultat ergiebt. Die Zahl der Häuser, in welchen Cholera-Erkrankungen vorkamen, war ungleich grösser in der Kategorie der schlechten und sehr schlechten Trinkwasser, als in derjenigen der mittelmässigen und guten, wie folgende Zusammenstellung zeigt:

	Häuser:	darunter Häuser mit Cholera:	
Gutes Trinkwasser	105	44 = 41,9 pCt. }	36,6 pCt.
Mittelmässiges -	45	11 = 24,4 - }	
Schlechtes -	16	9 = 56,2 - }	52,3 pCt.
Sehr schlechtes -	5	2 = 40,0 - }	

Zieht man in Betracht, dass jede der 4 Strassen von einer besonderen Commission untersucht worden ist, also nicht überall der gleiche Maassstab für die Classification des Wassers angelegt werden konnte, so ist dies Resultat an sich nicht zu unterschätzen. Beschränkt man sich aber auf die Betrachtung derjenigen beiden Strassen, in welchen die Cholera stärker auftrat, nämlich auf die Stralauer- und Langestrasse, so ist das Ergebniss ungleich auffallender. Hier stellen sich die Zahlen so:

	Häuser:	davon Cholera in:	
Gutes Trinkwasser	63	30 = 47,6 pCt. }	45,5 pCt.
Mittelmässiges -	27	11 = 40,7 - }	
Schlechtes -	10	6 = 60,0 - }	61,5 pCt.
Sehr schlechtes -	3	2 = 66,6 - }	

So mager im Ganzen auch diese Thatsachen sind, so genügen sie doch, um darzuthun, dass der Zustand der Privatbrunnen eine aufmerksame Berücksichtigung der Sanitätspolizei verdient. Auch lässt sich nicht verkennen, dass die unzweifelhafte Zunahme in der Verschlechterung des Berliner Brunnenwassers, welches sich sonst eines so ausgezeichneten Rufes erfreute, den Verdacht einer zunehmenden Zufuhr von Stoffen, welche aus Harn, Excrementen und Küchenabfällen herstammen, erregt, wenngleich der unzweifelhafte Nachweis noch nicht geliefert ist.

Darin stimmen jedoch alle Berichte überein, dass die gegenwärtige Einrichtung der Mehrzahl der Abtritts- und Kothgruben in Berlin eine sehr üble ist und einer Abhülfe dringend bedarf. Die beste Desinfection reicht dazu nicht aus, denn jede Art derselben hat nur für eine gewisse Zeit Einfluss; sie trifft immer nur die zunächst zur Zersetzung geneigten und vorbereiteten Stoffe. Nach einiger Zeit kommen neue Theile zum Zerfall, und wenn dann nicht immer neue Massen desinficirender Stoffe zugeführt werden, so tritt der ungünstige Process doch mit Nothwendigkeit ein. Ueberdies entzieht sich derjenige Antheil der Auswurfsstoffe, welcher sich in das benachbarte Erdreich verbreitet oder gar das Grundwasser erreicht, der späteren Wirkung der Desinfectionsmittel.

Es ist daher unumgänglich nöthig, dass eine häufige Entfernung der Auswurfsstoffe aus den Wohnungen erfolge. Je schneller diese geschehen kann, um so besser. Von diesem Gesichtspunkte aus ist das Tonnensystem dem System der Gruben, das Kanalisationssystem wiederum dem Tonnensystem vorzuziehen. Bei den Gruben ist eine wirksame Controle der Abfuhr an sich unmöglich, ja es ist kaum möglich, eine häufige Entleerung derselben zu fordern, da in diesem Falle die Kosten höher sein würden, als bei dem Tonnensystem.

Die landwirthschaftliche Commission hat sich für ein bestimmtes Tonnensystem nicht entschieden, und wir können uns daher hier enthalten, auf Einzelnes einzugehen. Ihren Vorschlag, sowohl das *Mosselman*'sche als das *Müller-Schür*'sche System genauer zu prüfen, können wir nur empfehlen, und zwar um so mehr, als eine solche Prüfung keine allzu lange Zeit erfordert und als selbst in dem Falle, dass man sich für eine Kanalisation im Grossen entscheidet, immer gewisse Häuser und Gegenden neuer Stadttheile existiren werden, welche nicht sofort dem allgemeinen System angeschlossen werden können. Es wäre daher gewiss sehr zweckmässig, wenn die Verwaltungsbehörden sich durch eigene Erfahrung ein sicheres Urtheil über den Werth der verschiedenen Methoden bildeten.

Vom sanitätspolizeilichen Standpunkte aus lässt sich an sich gegen ein Tonnensystem nichts sagen. Die Auffangung in Tonnen hindert unzweifelhaft die Verunreinigung des Erdbodens, des Grundwassers und der Brunnen; die schnelle Entfernung und der Wechsel der Tonnen lässt die Zersetzung des in den Tonnen befindlichen Unrathes keine grossen Fortschritte machen; endlich durch Zufügung von Desinfectionsmitteln lässt sich diese Zersetzung, wenn auch nicht absolut hindern, so doch sehr verlangsamen. Auf die Verunreinigung der Abfallröhren können wir ein so grosses Gewicht nicht legen, wie es das *Wiebe*'sche Gutachten thut. Denn auch hier lässt sich durch passende Wahl des Materials und durch geeignete Desinfectionsmittel ohne grosse Kosten der möglichen Gefahr vorbeugen. Der einzige erhebliche Uebelstand besteht in der Schwierigkeit, einen reinlichen Verschluss der Abfallröhren herzustellen, indess lässt sich dieser Uebelstand sehr vermindern, wenn zugleich eine wirksame Ventilation mit den Abfallröhren in Verbindung gebracht wird.

Die Einrichtung von Water-Closets in Verbindung mit einer tiefliegenden Kanalisation leistet jedoch in Beziehung auf die einzelnen Häuser ohne Zweifel das Vollständigste. Die Entfernung der am meisten zur Zersetzung neigenden Stoffe, namentlich des Harns erfolgt sofort, und zwar in einem solchen Zustande der Verdünnung, dass jedes Anhaften grösserer Massen an den Wandungen des Leitungs-Apparates vermieden wird. Die Salubrität der Wohnungen wird auf diese Weise am vollkommensten erreicht, immer natürlich vorausgesetzt, dass genügende Wassermassen zur Verfügung stehen, um die

Verdünnung und Fortführung der Auswurfsstoffe in ausreichendem Maasse sicher zu stellen.

Vom sanitätspolizeilichen Standpunkte aus ergeben sich nur in Beziehung auf einzelne Theile des *Wiebe*'schen Projects und, in gewissem Sinne, der Kanalisationssysteme überhaupt Bedenken:

1) Man hat die Besorgniss ausgesprochen, dass die Wasserverschlüsse, welche das Aufsteigen schädlicher Gase aus den Strassenröhren in die Hausröhren hindern sollen, ihren Zweck nur unvollständig erfüllen werden, dass insbesondere nach einiger Zeit, wenn das in dem Verschlusse befindliche Wasser sich mit den Gasen gesättigt hat, ein Entweichen gegen die Hausröhren hin eintreten werde. Es lässt sich nicht leugnen, dass dieses Bedenken zulässig ist. Indess scheint es uns, dass es erheblich an Gewicht verliert, wenn man erwägt, dass im Innern der Häuser die einzelnen Abschnitte der Röhrenleitung wiederum mit Wasserverschlüssen versehen sind, und dass erfahrungsgemäss die Ableitungsröhren der Küchen u. s. f. bis zum Dache verlängert werden. Jedenfalls wird die heutige Technik Mittel besitzen, um diese Gefahr zu beseitigen. Indess verdient dieser Punkt die ernstlichste Prüfung.

2) Aehnliche Bedenken sind in Beziehung auf die Ventilationsschächte der Haupt- und Sammelkanäle in noch höherem Maasse zu erheben. Die in dem *Wiebe*'schen Plane in Aussicht genommenen Modelle von *Rawlinson*, wo die Luft, bevor sie nach aussen tritt, durch Kohlenkasten steigen muss, scheinen allerdings manche Sicherheit zu bieten, indess wäre doch namentlich zu erwägen, ob nicht bei schnellem Anwachsen des Druckes in den Kanälen, sei es durch ungewöhnlich starken Wasserzufluss bei Regengüssen, sei es durch stärkere Gasentwickelung bei ungewöhnlich hoher Temperatur, alle diese Vorsichtsmaassregeln unzurei-

chend würden. Wir verkennen dabei nicht, dass unter Voraussetzung starken Gefälles und genügender Spülung eine bedeutende Gasentwickelung nicht zu besorgen steht, und dass voraussichtlich kaum so starke Ausströmungen zu erwarten sind, wie sie jetzt an vielen Orten aus den städtischen Kanälen stattfinden und wie sie gewiss auch aus den von der landwirthschaftlichen Commission in Aussicht genommenen Sielen eintreten würden. Andererseits sind doch auch die Erfahrungen über die Wirkung der Kanalisation noch zu neu und die Aussagen der Betheiligten über derartige Ausströmungen unter sich zu widerstreitend, als dass nicht eine besonders sorgfältige Prüfung vorhergehen sollte, bevor man sich entscheidet. Denn man würde sonst möglicherweise auf die Strassen verlegen, was man jetzt auf den Höfen hat.

3) Besonders zahlreich sind die Bedenken, welche in Beziehung auf mögliche Undichtigkeit und Durchdringlichkeit der Kanal- und Röhrenwände geäussert worden sind. Es handelt sich hier nicht sowohl um grosse Brüche und Spalten der Kanäle, welche ja in einem ungleichen, namentlich moorigen Boden vorkommen könnten; diese sind beim Begehen der Kanäle ohne grosse Schwierigkeit zu entdekken. Vielmehr hat man hauptsächlich daran gedacht, dass die menschlichen Auswurfsstoffe, namentlich Harn, bei ihrer Zersetzung einen sehr nachtheiligen Einfluss auf Eisen, Mörtel und selbst Mauersteine ausüben, so dass dieselben unter fortschreitender Oxydation verwittern und auf diese Weise selbst sehr starke und dichte Wandungen nach und nach gelockert, verdünnt und undicht gemacht werden. Man hat sich ferner auf bestimmte Beispiele, namentlich aus England, jedoch auch aus Cöln bezogen, wo derartige Zustände an dem Mauerwerk der Kanäle vorgekommen und die Folge davon das Auftreten schwerer Krankheiten gewesen sei. Glücklicherweise treffen diese Beispiele wenig zu, so wenig, dass

es schwer ist zu begreifen, wie man ihnen einen so grossen Werth hat beilegen können.

Die englischen Beispiele beziehen sich sämmtlich auf ältere Kanalanlagen. Auch *Gairdner* (*Public health in relation to air and water. Edinb.* 1862. *p.* 249 — 61.), der von *Thorwirth* und seinen Nachfolgern so oft citirt wird, sagt nichts weniger, als das, was scheinbar wörtlich aus ihm citirt wird. Er ist entschiedener Anhänger der Kanalisation, und seine Vorwürfe beziehen sich ausdrücklich auf ältere und schlecht construirte (*ill-constructed*) Kanäle. Herr *Cresy*, der Secretair des *Metropolitan Board of Works* in London, berichtet auf eine besondere Anfrage unter dem 25. April 1866, dass man in alten, schlecht gebauten Kanälen häufig ein Durchschwitzen (*percolation*) finde, zumal in den ursprünglich mit Mörtel gemauerten, wo der Mörtel die Fugen verlasse. Bei der neueren und besseren Construction mit guten Backsteinen (*stock bricks*) und Portland-Cement sei „nie die geringste Spur eines Durchdringens gefunden". Ja, selbst, wo in alten Kanälen der Mörtel nachgelassen habe, mache in der Regel eine tüchtige Schicht von Portland-Cement den alten Kanal wasserdicht. Aus Hamburg liegt aus der neuesten Zeit ein gleich günstiges Zeugniss vor. Wir meinen daher bei der anerkannten Vortrefflichkeit unseres Materials soweit unbesorgt sein zu können, als überhaupt bauliche Constructionen Dauer versprechen; verwittert selbst hie und da ein Stein, oder löst sich eine Fuge, so kann der Ersatz ohne Schwierigkeit geschehen.

Man könnte aber noch in einer anderen Richtung die Frage von der Durchdringlichkeit der Kanalwände discutiren. Wenn nämlich, wie früher auseinandergesetzt, die Steine für Grundwasser und Bodenfeuchtigkeit soweit durchgängig sind, dass die Kanäle wie Drainröhren wirken und eine Entwässerung des Bodens bedingen können, so liegt die Betrachtung nahe, dass möglicherweise auch ohne allen Bruch oder Verwitterung durch die Continuität der Steine hindurch ein Ausschwitzen von Kanalflüssigkeiten nach aussen stattfinden, dass, wie bei anderen porösen Scheidewänden, ein gegenseitiger Austausch, gewissermassen eine Exosmose und Endosmose der Stoffe eintreten könne. Käme dies vor, so würde es natürlich ein Gegenstand der ernstesten Besorgniss sein, zumal in [einer Stadt, welche einen so feuchten Untergrund und so poröse Bodenschichten besitzt, wie Berlin. Der ganze Untergrund würde sich in einen unterirdischen Sumpf verwandeln; vergiftetes Wasser würde überall zu den Brunnen treten, und der Zustand, den man eintauschte, wäre um Vieles schlimmer, als derjenige, den man aufgeben will. Auch in dieser Beziehung lauten die Nachrichten sowohl aus Hamburg, als aus London durchaus befriedigend. Herr *Cresy* macht dabei die wichtige Bemerkung, das Wasser komme oft mit grossem hydraulischen Drucke hinein, zumal wenn der Kanal tief ist, in welchem Falle der Druck von innen nach aussen in der That sehr gering sei; um das Grundwasser abzuhalten, müsse man ein dickes Bett von Concret (*concrete*) oder Thon (*clay puddle*) anwenden.

Der angeführte Grund ist durchaus plausibel. Bei einem tief liegenden Kanal ist der äussere Druck leicht begreiflich ein sehr hoher, während innen, wo die Flüssigkeiten schnell fortgleiten und zudem ein grosser Theil des Raumes nur mit Luft gefüllt ist, ein sehr geringer Seitendruck ausgeübt wird. Nur bei Hochwasser könnte vorübergehend dieser Seitendruck sehr steigen, indess ist ein solcher Zustand nach unseren meteorologischen Verhältnissen gewöhnlich ein sehr kurz vorübergehender. Auch würde gerade dann das Kanalwasser so verdünnt sein, dass ein etwaiges Durchschwitzen kaum nachtheilige Folgen haben dürfte.

Immerhin folgt aus dem Mitgetheilten, ein wie grosses Gewicht gerade vom sanitätspolizeilichen Standpunkte aus auf die Vorzüglichkeit des Materials und auf die Genauigkeit der Arbeit gelegt werden muss.

4) Das grösste Bedenken in Beziehung auf die Kanalanlage bezieht sich auf den endlichen Verbleib der aus der Stadt geschafften Stoffe. Das *Wiebe*'sche Project will bekanntlich die flüssigen Stoffe unterhalb Charlottenburg an einer Stelle, welche hinter dem hohen Damm der Hamburger Eisenbahn in einer ganz unbewohnten Gegend liegt, in die Spree laufen lassen, und zwar so, dass sie stets unter der Wasserfläche der Spree aus den Röhren ausströmen. Sand und andere Sinkstoffe sollen vorher in besonderen Sandfängen abgeschieden und später durch eine Art von Baggerung in Flussfahrzeuge gebracht und fortgeschafft werden.

Wir wollen von dem Verbleib dieser Bodensätze nicht sprechen, da auch das Project sich darüber nicht weiter auslässt; es mag genügen, darauf aufmerksam zu machen, dass jedenfalls sehr viele organische Stoffe, insbesondere Küchenrückstände, darunter sein werden und dass auch diesen Absätzen nicht wenig von dem excrementitiellen Charakter des ganzen Kanal-Inhaltes anhaften wird. Aber um so mehr müssen wir die Ueberzeugung betonen, dass es g a n z u n z u l ä s s i g erscheint, die gesammte Masse der flüssigen Auswurfsstoffe a n e i n e m e i n z i g e n P u n k t e in die Spree zu schütten. Mag auch die Gegend der Einmündung bis jetzt unbewohnt sein, so erreicht die Spree doch bald nachher wieder bewohnte Gegenden, sie berührt Spandau und ergiesst ihr an sich so trübes Wasser in die Havel, welche der Reihe nach eine grössere Zahl bewohnter Ortschaften berührt. Beide Flüsse haben geringes Gefälle und treten leicht bei Zunahme ihres Wassers über die Ufer, wo sie ihren Schlamm absetzen. Wie stinkend der Spreeschlamm schon gegenwärtig ist, dafür liefern die Wiesen von Moabit jedes Jahr sehr fühlbare Beweise. Wie ganz anders müsste dies auf den Wiesen vor Spandau werden, wenn hier an einem einzigen Punkt der gesammte Schlamm der Metropole, er mag noch so verdünnt sein, ausgeschüttet würde!

In England sind die Klagen über die Verunreinigung der Flüsse so gross und allgemein geworden, dass die ganze Sanitäts-Bewegung dadurch eine andere Richtung genommen hat. Und doch handelt es sich dort meist um grosse Flüsse mit starker Strömung. Selbst in Hamburg hat sich schon jetzt eine solche Verschlechterung des Elb-Bodens in der Nähe der Kanalmündung herausgestellt, dass in dieser Gegend keine Taucherarbeiten mehr vorgenommen werden können.

Bereits in seinem Werke S. 308. hat Geh. Oberbaurath *Wiebe* auf die Möglichkeit hingewiesen, statt des Abflusses in die Spree eine Ueberrieselung einzurichten. In seinem uns vorliegenden Gutachten führt derselbe diesen Gedanken weiter aus, und es lässt sich nicht verkennen, dass auf diese Weise in der That ein Compromiss zwischen den zwei sich entgegenstehenden Richtungen angebahnt werden kann. Wie sich das so modificirte Project vom Standpunkte der Sanitätspolizei stellen würde, können wir zur Zeit nicht beurtheilen. Dies würde erst dann möglich sein, wenn ein bestimmt ausgearbeiteter Plan mit Bezeichnung der zur Ueberrieselung zu wählenden Oertlichkeit uns vorläge.

Wenn wir zum Schlusse auf die uns vorgelegte Frage zurückkommen, ob eine weitere Einleitung der Water-Closets in offene Rinnsteine zu verhindern sei, so können wir uns in dieser Beziehung nur bejahend aussprechen. Allerdings lässt sich, wie aus unseren früheren Auseinandersetzungen hervorgeht, kein einzelner bestimmter Stoff nachweisen, der von den Rinnsteinen her als Krankheitserreger verbreitet wird. Aber im Wesentlichen gilt für ihren Inhalt, soweit er durch Closet-Zuflüsse gebildet wird, dasselbe, was für Sammel- und Abtrittgruben gilt, höchstens, dass die Menge der festen Stoffe, welche in die Rinnsteine übergehen, etwas geringer und die Zersetzung etwas weiter vorgeschritten ist. Mit Recht ist in einigen Gutachten bemerkt, dass diese unreinen Stoffe sich nicht blos der Luft mittheilen, sondern auch das Erdreich im Umfange der Rinnsteine weit und breit durchdringen, dasselbe feucht erhalten, von da in Brunnen gelangen können u. s. w. Wir theilen daher auch die Meinung, dass eine fernere Einleitung der Closet-Zuflüsse in offene Rinnsteine unzulässig ist.

Dagegen sind wir nicht der Meinung, dass Sammelgruben den üblen Einfluss auf die Rinnsteine nothwendig vermehren. Es kommt hier eben auf die Zeit an, während welcher die Stoffe in der Sammelgrube verweilen. Sehr gewöhnlich, wie aus den Analysen des Dr. *Ziurek* folgt, gehen die Hauptzersetzungen schon in der ersten Sammelgrube vor sich; in der zweiten sind sie geringer, also im Rinnstein offenbar am geringsten. Das für unsere Sinnesorgane Widerwärtige und für die Gesundheit Nachtheilige sind zum grossen Theile nicht die letzten Zersetzungsproducte, sondern vielmehr die in früheren Stadien der Zersetzung sich befindenden Stoffe.

Von den letzten Zersetzungsproducten werden aber viele, wie wir am Schwefelwasserstoff gesehen haben, und wie zum Theil auch vom Ammoniak gilt, durch neue Verbindungen, die sie eingehen, fixirt und aus der weiteren Bewegung ausgeschieden. Geschieht dies schon in den

Sammelgruben, so wird begreiflicher Weise der Zustand der Rinnsteine ein verhältnissmässig günstigerer sein. Geht dagegen bei starkem Nachfluss in die Sammelgrube ein grösserer Theil ihres Inhalts noch unzersetzt oder nur zum Theil zersetzt in den Rinnstein, so werden sich die weiteren Stadien der Zersetzung hier vollziehen, wenn nicht durch kräftige Wasserspülung die Stoffe alsbald weiter befördert werden. Stärkere Spülung der Rinnsteine ist daher dringendes Erforderniss.

Im Uebrigen können wir uns den Ausführungen des *Wiebe*'schen Gutachtens vom 18. April d. J. nur anschliessen. Insbesondere empfehlen wir, den Erlass der projectirten Polizei-Verordnung zu sistiren, bis einzelne der darin gemachten Vorschläge erst im Kleinen praktisch erprobt sind.

Berlin, am 16. October 1867.

Königliche Wissenschaftliche Deputation für das Medicinalwesen.

(Unterschriften.)

Nachtrag

zu dem

Gutachten, betreffend die Reinigung der Stadt Berlin von den Auswurfsstoffen.

Nachträglich ist der Wiss. Deputation eine Verfügung des Herrn Handelsministers vom 10. Sept. d. J. zugegangen, welche Bemerkungen des Geh. Oberbauraths *Wiebe* über den von der Sanitäts-Commission der Stadt Berlin erstatteten Bericht, die vorjährige Cholera-Epidemie betreffend, zu unserer Kenntniss bringt. Da mehrere der darin berührten Gegenstände schon in unserem Gutachten behandelt sind, so können wir uns auf die Besprechung einiger Punkte beschränken.

Der Bericht der Sanitäts-Commission theilt für die einzelnen Reviere, ja zum Theil für die einzelnen Häuser, was in hohem Maasse zu billigen ist, die Aeusserungen der betreffenden Bezirks-Commissionen mit. Allein es ist sehr misslich, ja geradezu unzulässig, diese Aeusserungen als entscheidende anzunehmen. Vergleicht man die Aeusserungen der verschiedenen Commissionen unter einander, so sagen sie öfters das gerade Gegentheil von einander aus. Daher stehen die Ansichten der Königlichen Sanitäts-Commission, welche doch das Gesammtbild der Erfahrungen vor Augen hatte, auch nicht selten in starkem Widerspruche mit den Meinungen einzelner Bezirks-Commissionen. Wir erwähnen in dieser Beziehung namentlich die Erfolge der

Desinfection, über welche sich die *Wiebe*'schen Bemerkungen unserer Ansicht nach in nicht zutreffender Weise höchst ungünstig aussprechen.

Der Bericht enthält eine grosse Zahl von Einzel-Angaben, welche ohne eine ganz in's Einzelne gehende Prüfung nicht angenommen werden dürfen. Selbst die Mittheilung (S. 53) über die Erkrankungen im Cholera-Lazareth der Wallstrasse, welche in Beziehung auf die Wirkung der Cloakengase so sehr entscheidend zu sein den Eindruck machen, erwecken mancherlei Zweifel, welche durch eine Nachfrage bei den Aerzten jener Anstalt bestätigt worden sind. Nach genauester Prüfung des Berichtes können wir leider nicht sagen, dass unser Wissen über die eigentliche Ursache der Cholera durch denselben in irgend einem Punkte wesentlich bereichert worden wäre oder dass der Gang der Epidemie in Beziehung auf ihre Abhängigkeit von der Zersetzung menschlicher Auswurfsstoffe durch denselben eine wissenschaftlich genügende Aufklärung erhalten hätte.

Von grosser Bedeutung ist der Bericht dadurch, dass er die örtlichen Verhältnisse der Epidemie in einer früher nicht erreichten Klarheit darstellt und dadurch für die weitere Vergleichung und Untersuchung bestimmte Anhaltspunkte gewährt. So ist allerdings die ungewöhnlich schwere Erkrankung der neugebauten Stadttheile ein Gegenstand von besonderer Bedeutung, und die von dem Geh. Rath *Wiebe* angeregte Frage, ob in der Nähe Ablagerungsstätten von Cholera-Excrementen gelegen haben, verdient eine weitere Nachforschung.

Was die einzelnen Häuser betrifft, so hat die von Hrn. *Wiebe* angezogene Bemerkung der 24. Commission (S. 58), dass die obersten Stockwerke von der Epidemie besonders getroffen worden seien, nach der auf S. 50 befindlichen Zusammenstellung keine allgemeine Gültigkeit, und es kann daher auch nicht als bewiesen angenommen werden, dass das Stehenbleiben der Excremente die Schuld davon trage. Dass die Bewohner von Hofgebäuden verhältnissmässig seltener erkrankt seien, als die von Vordergebäuden, ist nur scheinbar richtig. In vielen Häusern bewohnen dieselben Familien Vorder- und Hintergebäude; alle diese werden aber in der Statistik der Sanitäts-Commission den Vordergebäuden zugerechnet. Manche Häuser haben überhaupt keine Hintergebäude. Endlich bemerkt aber der Bericht ausdrücklich, dass bei allen in den Lazarethen Verstorbenen die bezüglichen Angaben fehlten (S. 50), und da dies gerade die ungünstiger gestellte Gruppe ist, so ist es sehr wahrscheinlich, dass bei einer genaueren und umfassenderen Aufstellung ein ganz anderes Resultat hervortreten würde.

Die dritte, von Hrn. *Wiebe* aufgestellte Kategorie, nehmlich die starke Erkrankung in den Erdgeschossen der Hofgebäude, widerstreitet zum Theil direct der ersten, nehmlich der verhältnissmässig starken Erkrankung in den obersten Stockwerken. Gestehen wir sie aber auch als thatsächlich zu, so lässt sich doch nicht verkennen, dass noch manche andere ungünstige Verhältnisse ausser der Exhalation von Cloakengasen hier in Betracht kommen, deren Klärung jedoch das in dem Berichte vorliegende Material nicht gestattet.

In Beziehung auf die Water-Closets enthalten die Tabellen der Sanitäts-Commission bei den einzelnen Häusern leider keine speciellen Angaben; in der Tabelle XX. ist nur das Vorhandensein der Wasserleitung constatirt. Gewiss wäre es sehr wünschenswerth, wenn diese Lücke noch nachträglich ausgefüllt würde. Immerhin ist das Resultat (S. 48) sehr bemerkenswerth, dass von den mit Wasserleitung versehenen Häusern nur 19,9, von den übrigen dagegen 27,8 pCt. Cholerafälle aufwiesen. Nur wird man nicht übersehen dürfen, dass die mit Wasserleitung versehenen Häuser meist auch sonst besser eingerichtet und von einer besseren Bevölkerung bewohnt sind, und dass daher ihre grössere Immunität nicht allein der Wasserleitung zuzuschreiben ist. Ausserdem kommt hier der Einfluss des Trinkwassers mindestens ebenso sehr in Betracht, wie der Einfluss der Water-Closets.

Auch die besondere Erwähnung der Charité in Beziehung auf ihre Einrichtung mit Water-Closets entscheidet nichts. Denn schon in der Epidemie von 1848, wo die Water-Closets noch nicht bestanden und wo eine überaus grosse Zahl von Cholerakranken in die Charité aufgenommen wurde, sind nur 5 Fälle von Erkrankung im Krankenhause angezeigt worden. Am wenigsten aber kann der Hinweis auf den nahen, fast stille stehenden Graben, in welchen die Abzugskanäle der Charité münden, als ein Beweis für die günstige Wirkung der Verdünnung gelten. Wäre dies der Fall, so könnte man schliessen, dass es unschädlich sein würde, wenn sämmtliche Excremente der Stadt Berlin in die Spree geleitet würden. Denn der Zustand jenes Grabens, namentlich im Sommer, entspricht den schlimmsten Schilderungen, welche englische Beobachter von der Verunreinigung einzelner Flüsse ihres Vaterlandes als abschreckendes Beispiel entwerfen.

Wenn wir daher in wesentlichen Punkten von den Schlussfolgerungen abweichen, welche Hr. *Wiebe* aus dem Berichte der Sanitäts-Commission gezogen hat, so müssen wir auf der anderen Seite anerkennen, dass seine Bemerkungen fast überall Gegenstände betreffen, welche nach den vorliegenden Thatsachen eingreifende Aenderungen im sanitätspolizeilichen Interesse erheischen. Lässt sich auch nicht so weit, wie er es will, der Einfluss der örtlichen Zustände auf den Gang der Epidemie in klare Verhältnisse auflösen, so zeigt doch die unverhältnissmässige Ausbreitung und Heftigkeit der Epidemie, sowie ihre auffallende Concentration auf gewisse Gegenden, dass nicht etwa allgemeine Einflüsse des Wetters oder der Genius epidemius die alleinige Ursache einer so grossen Calamität waren, sondern dass örtliche Bedingungen von entscheidender Wichtigkeit vorhanden sein müssen. Auch wir vermuthen nach allgemeinen Erfahrungen, dass der ungeregelte Zustand des Latrinenwesens ein wesentliches Stück dieser örtlichen Bedingungen darstellt; nur können wir es im Einzelnen nicht weiter nachweisen, als es schon in dem allgemeinen Gutachten geschehen ist. Pflicht der Sanitäts-Polizei bleibt es, diese Einzelforschung mit Sorgfalt fortzusetzen und schon jetzt alle Vorsichtsmaassregeln zu ergreifen, um der Wiederkehr einer ähnlichen Calamität vorzubeugen. Die von Hrn. *Wiebe* empfohlene stärkere Wasserversorgung ist in dieser Beziehung gewiss von grösster Bedeutung.

Berlin, am 16. October 1867.

Königliche Wissenschaftliche Deputation für das Medicinalwesen.

(Unterschriften.)

Zusätzliche Bemerkungen
zu den beiden vorstehenden Gutachten
von
Rud. Virchow.

Die allseitige Aufmerksamkeit und die überaus rege Arbeit, welche den in den vorstehenden Gutachten besprochenen Fragen in der letzten Zeit zugewendet worden sind, bedingen in ganz naturgemässer Weise einen häufigen Wechsel der Standpunkte. Jedes concurrirende Interesse, jede selbständige Arbeit bringt einen neuen Standpunkt für die Beurtheilung. Der Steuerzahler hat einen anderen Maassstab, als die Verwaltung; der Hauswirth sieht die Sache anders an, als die Polizei. Aber auch die Landwirthschaft hat andere Interessen, als die öffentliche Gesundheitspflege; die Chemie schiebt andere Seiten der Betrachtung in den Vordergrund, als die Biologie. Erst allmählich, theils im Kampfe, theils im Zusammenwirken, werden die höheren versöhnenden Gesichtspunkte gefunden, welche als der Ausdruck der wissenschaftlichen Ueberzeugung des Zeitalters gelten können.

Nirgend hat sich diess in so schroffer Weise gezeigt, wie in Berlin. Viele Jahre hindurch ist es, genau genommen, nur die Frage nach der zweckmässigsten Art der „Entwässerung", wie man bei uns zu sagen pflegt, gewesen, welche die Veranlassung zu Untersuchungen und Entwürfen wurde. Man wünschte Einrichtungen zu treffen, durch welche das Wasser der meteorischen Niederschläge, sowie das aus den Häusern den Strassen zugeführte, vielfach verunreinigte Wasser so schnell und vollständig, als möglich, entfernt werden könne. Für massenhafte Regenfälle waren die Rinnsteine und Siele, für gewöhnliche Verhältnisse das Gefälle und das zuströmende Wasser vielfach unzureichend. So kam es, dass die Rinnsteine immer tiefer eingeschnitten werden mussten, dass in Folge davon der für den Verkehr bleibende Theil der Strassen immer mehr beengt und die Gefahr immer mehr gesteigert wurde, und dass trotzdem ein befriedigender Zustand sich nicht herstellen liess. Schon frühzeitig hatte man eingesehen, dass es für eine gute Spülung der Rinnsteine nöthig sei, über grössere Wassermassen verfügen zu können, als sie in gewöhnlichen Zeiten vorhanden waren, aber auch die neue Wasserleitung erwies sich als unzureichend.

Da kam endlich das Project der Kanalisation, welches sowohl Gefälle, als Wasser zur Spülung in genügendem Maasse nachwies. Aber dieses Project, welches eine Ausgabe von vielen Millionen für einen, bis dahin ziemlich gering geachteten Zweck in Aussicht nahm, erregte durch seine finanziellen Ansprüche die höchste Aufregung in der Bürgerschaft; es wurde eine Zeitlang Parteifrage, ob man für oder gegen Kanalisation stimmen wolle.

Die Agitation wurde mächtig gefördert durch die eben so bestimmte, als mit grossem Geschick und geistvoller Zusammenstellung von Thatsachen ausgeführte Darstellung, welche zunächst vom agriculturchemischen, sodann auch vom volkswirthschaftlichen Standpunkte aus gegen die Kanalisation geliefert wurde. Zu den grossen Baukosten gesellte sich in der Vorstellung der unwiederbringliche Verlust der für die Landwirthschaft werthvollsten Stoffe, welche mit dem Wasser fortgespült werden, und deren Werth nach der Rechnung der Agriculturchemiker eine sehr beträchtliche Jahresrente darstellte.

So erlangte die „Abfuhr" in der öffentlichen Meinung eine weit überwiegende Bedeutung. Aber diese Bedeutung war eine rein theoretische. Jeder praktische Versuch, der bei uns gemacht wurde, blieb in den Anfängen stecken. Dem Angebot entsprach die Nachfrage keineswegs, und wenn es eine Zeit lang den Anschein hatte, als werde durch die Abfuhr die Stadt oder der einzelne Hauswirth noch eine Rente gewinnen können, so stellte sich sehr bald die Forderung dahin, dass auch die Abfuhr nur gegen eine Entschädigung ausgeführt werden sollte. Nicht, wie man erwartet hatte, die Landwirthschaft sollte oder wollte die Kosten der Abfuhr übernehmen, sondern die Bürgerschaft sollte auch hier eintreten. Die Finanzfrage complicirte sich dadurch. Wenn sowohl die Kanalisation, als die Abfuhr durch finanzielle Aufwendungen herzustellen sind, wenn jene ein grosses Anlage-Capital, diese eine nicht unbeträchtliche Jahres-Ausgabe nothwendig macht, so fragt sich der Steuerzahler mit Recht, welche von diesen beiden Alternativen **auf die Dauer** kostspieliger sein wird.

Am allerletzten tritt bei uns die öffentliche Gesundheitspflege in die Discussion ein. Noch gegenwärtig ist der Sinn unserer Bevölkerung so wenig für diese Seite der Frage offen, dass selbst bei Gebildeten zuweilen eine abschreckende Gleichgültigkeit, um nicht zu sagen, Rohheit der Anschauung bemerkbar wird. Unsere Bevölkerung ist in dieser Richtung ihrer grossen Mehrheit nach geradezu fatalistisch. Die Krankheit kommt, ein Glied der Familie oder mehrere werden dahin gerafft, man beweint sie, — und man vergisst, wenn nicht sie, so doch meistens die Ursache ihrer Krankheit. Von Zeit zu Zeit erhält ein Haus die Bezeichnung eines Cholerahauses; eine Zeit lang fehlen die Miether, — endlich füllen sich die Räume wieder, als wäre nichts vorgegangen.

Und doch hat selbst dieser Theil der Betrachtung seine finanzielle Seite. **Staat und Stadt erhalten ihren Werth nur durch die Menschen und ihre Arbeit.** Aller Reichthum, alle Bedeutung der Stadt, wie des Staates, beruht in letzter Instanz auf der Thätigkeit ihrer Bewohner. Kann es daher einen grösseren Verlust geben, als den Verlust an Menschenleben? Repräsentirt nicht jeder Todesfall eines arbeitsfähigen Menschen einen finanziellen Verlust? Bringt nicht jede Krankheit, die ein arbeitsfähiges Glied der Gesellschaft ausser Thätigkeit setzt, Nachtheile, die in Geldeswerth zu veranschlagen sind? Man braucht sich gar nicht auf den humanen oder auf den christlichen oder überhaupt auf den religiösen Standpunkt zu stellen; rein volkswirthschaftlich betrachtet, sind Krankheit und Tod für die Familie, wie für die Gemeinde und den Staat Unglücksfälle. Sie so weit als möglich fernzuhalten, ist eine der ernstesten Aufgaben, welche nur da verkannt werden kann, wo Menschenleben überhaupt nichts werth ist.

Leider ist diese Art der Betrachtung bei uns noch so neu, dass es mir in der letzten Session des Abgeordnetenhauses begegnete, von einem der bekanntesten Volkswirthschafts-Prediger deswegen verspottet zu werden. Jeder neue Gedanke bedarf einiger Zeit, ehe er sich Geltung verschafft. Auch in der Militair-Verwaltung hat es eine Zeit gegeben, wo man den Verlust eines Pferdes höher veranschlagte, als den eines Menschen, weil man Pferde kaufen musste und Menschen umsonst zu haben waren. Umsonst? Konnte man wirklich vergessen, was die Erziehung eines Menschen kostet, was der Verlust eines Menschen an verlorener Arbeit werth ist? Fast sollte man glauben, die Menschen wären nur dann geldeswerth, wenn sie Leibeigene oder Sklaven, aber nicht, wenn sie freie Bürger oder Unterthanen sind. Sonderbare Verwirrung der Begriffe!

Woher kommt diese Schwerfälligkeit in der geistigen Entwickelung bei uns, sobald es sich um grosse öffentliche Fragen handelt? Meiner Meinung nach daher, dass wir diesen Fragen niemals ernstlich auf den Leib gehen. Uebelstände, wie sie in Berlin bestehen, hätten in England, in Amerika, ja selbst in Frankreich längst zu thätigem Eingreifen, zu praktischen Versuchen geführt. Was lag näher, als wenigstens die Abfuhr, wenn auch mit Unterstützung durch städtische oder staatliche Mittel, einmal in einem gewissen Umfange zu experimentiren? Man konnte ja die verschiedenen Systeme neben oder nach einander anwenden, ihre Ausführbarkeit prüfen, ihre Erträgnisse feststellen, ihre finanzielle Bedeutung vergleichen, und so eine Unterlage für die Rechnung gewinnen. Was hinderte, dass man das Grundwasser und die Bodenverhältnisse der Stadt studiren liess, zu deren Ergründung doch Jahre lange Arbeit gehört, und deren Kenntniss nicht bloss für die Kanalisation, sondern für die Anlegung von Brunnen, für die Feststellung des Baugrundes, für die Erforschung der Krankheiten, insbesondere der epidemischen, von höchster Bedeutung ist? Was erscheint dringlicher, als dass wir genaue tägliche und wöchentliche Listen über die Erkrankungen und Todesfälle haben? Aber wir beobachten wohl das Wetter, aber nicht den Gang der Krankheiten. Nicht einmal aus unseren grossen Krankenhäusern erhalten wir rechtzeitig und regelmässig Nachrichten über die Vorkommnisse. Nirgends ist ein positiver Anfang des Arbeitens zu sehen. Wir schrecken schon vor dem Versuche zurück, und wenn wir uns entscheiden sollen, so blicken wir nach auswärts, um zu sehen, was man dort erfahren hat.

Das Gutachten der Wissenschaftlichen Deputation hat diese Hülflosigkeit leider vielfach constatiren müssen. Ueberall fehlt es für ein wissenschaftliches Urtheil an eigenen, zuverlässigen, zahlen- und erfahrungsmässigen Unterlagen. Möge das Gutachten wenigstens den Erfolg haben, dass man sich nunmehr ernsthaft daran mache, diese Unterlagen zu schaffen, welche ohne eine kräftige Theilnahme der Behörden nicht zu gewinnen sind. Der Hinweis auf das, was in New-York eine Zahl von Aerzten in freier Thätigkeit geschaffen hat, passt nicht für unsere Verhältnisse. Unsere Aerzte sind nicht so gestellt, dass sie ihre Zeit anhaltend zu derartigen Beschäftigungen hingeben können. Ueberdiess darf man doch auch wohl sagen, dass, wenn überhaupt irgend eine Sache den Behörden zufällt, diese ganz vorwiegend ihrer Fürsorge zuzuweisen ist.

Die öffentliche Gesundheitspflege, oder, wie man bei uns sagt, die Sanitätspolizei hat mit der finanziellen Betrachtung der Frage wenig zu thun. Sie kann nur so ernst und dringend, als möglich, auf den Werth des gesunden Menschenlebens überhaupt hinweisen. Der Staat, welcher die allgemeine Bildung anstrebt, die allgemeine Schulpflicht aufstellt, sollte auch die allgemeine Gesundheit anstreben. **Erst Gesundheit, dann Bildung!** Kein Geld ist rentabler angelegt, als dasjenige, welches für die Gesundheit aufgewendet wird. Möge man das nie vergessen, wenn es sich darum handelt, mit der Landwirthschaft abzurechnen! Die Rücksicht auf die öffentliche Gesundheitspflege muss stets leitender Gesichtspunkt bleiben, wenn es sich um die Entscheidung zwischen Abfuhr und Kanalisation handelt.

Bevor man sich in Berlin entscheidet, wünsche ich allerdings lebhaft, dass man einen nennenswerthen Versuch mit der Abfuhr mache. Die Ausführung der Kanalisation, selbst wenn sie beschlossen wird, kann nur langsam erfolgen; Jahrzehnte werden darüber vergehen, ehe sie fertig wird. Inzwischen werden neue Stadttheile heranwachsen, und es ist vielleicht fraglich, ob sie alle zu dem jetzt zu beschliessenden Kanalsystem herangezogen werden können. Jedenfalls wird es noch auf lange Zeit hinaus an städtischen Bezirken nicht fehlen, welche auf die Abfuhr angewiesen sind. Also mache man so bald als möglich Versuche, um das beste und einträglichste Abfuhrsystem zu finden.

Handelt es sich aber um die Rechnung, so übersehe man nicht, dass das jetzige System von Rinnsteinen, Sielen und Kanälen trotz seiner Grösse und Kostbarkeit doch unhaltbar ist, dass also auch **neben der Abfuhr ein neues Kanalsystem** eingerichtet werden muss. Auch dieses System muss, schon um Gefälle und Raum zu bekommen, tiefgelegt werden; es muss also bis zu einem gewissen Maasse dem *Wiebe*'schen Plane entsprechen. Somit kommt ein neues finanzielles Moment in Beziehung auf die Abfuhr in Betracht.

Der Versuch, Abfuhr und Kanalisation im Grossen neben einander herzustellen und wirken zu lassen, ist in Paris in kolossalem Umfange gemacht worden. Meiner Meinung nach ist er missglückt. Der Kaiser, persönlich den Interessen der Landwirthschaft zugeneigt, hat Alles daran gesetzt, der letzteren zu erhalten, was zu erhalten möglich war. In der That hat die „Stadthauptkasse" dadurch eine Jahresrente von 300,000 Frcs., aber diese zahlt nicht die Landwirthschaft, sondern die Hauswirthe von Paris, welche für die Abfuhr den betreffenden Gesellschaften einen so hohen Betrag entrichten müssen, dass jene 300,000 Frcs. als ein „Ueberschuss" an die Municipalkasse zurückfliessen können. Ursprünglich sollten die Kanäle (*égouts*) von Paris ganz frei von Auswurfsstoffen gehalten werden. Aber man hat eine Concession nach der anderen machen müssen, und schon jetzt geht der für die Landwirthschaft werthvollste Theil der Auswurfsstoffe in die Kanäle und von da in die Seine.

Ich habe im vorigen Herbst sowohl die Egouts, als das Dépotoire von la Villette besucht und genau studiren können. Gegenwärtig gelangen durch die Ausfuhr nach la Villette fast nur die festen Stoffe, während der Harn und die sonstigen Flüssigkeiten den Egouts zugeführt werden. Man ist eben beschäftigt, unter jedem Hause einen sogenannten Diviseur aufzustellen, d. h. einen hohlen Doppelcylinder aus Eisenblech, dessen inneres Rohr durchlöchert ist und die sämmtlichen Auswurfsstoffe des Hauses aufnimmt. Durch dieses Filtrum werden die festen Theile von den flüssigen getrennt, welche letzteren sofort abfliessen und unmittelbar in den Egout fallen. Natürlich ist diess nicht bloss Harn, sondern auch ein grosser Theil der durch den Harn ausgelaugten und in Zersetzung begriffenen Fäcalstoffe. Im Laufe von 18 Monaten waren auf diese Weise schon 2000 Häuser mit Diviseurs versehen worden.

Man ist also in Paris in voller Revolution oder, wenn man lieber will, Reform. Das gemischte System (Abfuhr und Kanalisation) nähert sich dem einfachen Systeme der Kanalisation. Während an einzelnen Theilen der grossen Stadt die Kanäle erst gebaut werden, errichtet man an anderen jene Filtrations-Apparate, um sie vielleicht auch bald ganz aufzugeben. Genau genommen, ist also eigentlich gar kein „System" mehr vorhanden. Ich betone dies besonders denjenigen deutschen Schriftstellern gegenüber, welche sehr gelehrte Abhandlungen über die Pariser Einrichtungen schreiben und die Citate dazu aus den verschiedensten Autoren bis vor *Parent-Duchatelet* entnehmen. Es entsteht dadurch eine Darstellung, welche sich zu der Wirklichkeit verhält, wie eine Fricassée zu einem Kalbsbraten.

Die französische Art des Experimentirens ist wahrscheinlich die kostspieligste, welche erfunden werden kann, und ich warne recht eindringlich davor, sie bei uns zu wiederholen. Je länger und je sorgfältiger ich diese Frage studirt habe, um so mehr hat sich bei mir die Ueberzeugung befestigt, dass wir nur bei einer systematischen Kanalisation finanziell und gesundheitlich gut fahren werden. Und darum rathe ich dazu, bei Zeiten die Einzelheiten der Frage von der Kanalisation sorgsam zu prüfen, die nöthigen Ermittelungen (Nivellement, Grundwasserbestimmung, geologische Untersuchung, Wasserzufluss) rechtzeitig zu beginnen, und die in dem Gutachten der wissenschaftlichen Deputation bezeichneten vier Punkte einer besonderen Erwägung, wo möglich unter experimenteller Controle, zu unterstellen.

Was die Exhalationen des Kanalwassers anbetrifft, so habe ich mich sowohl in Hamburg, als in Paris davon überzeugt, dass die Kanalluft im Allgemeinen jene für den Geruch empfindlichen Eigenschaften nicht besitzt, welche ihr so oft zugeschrieben werden. Allerdings gab es in den Pariser Egouts einzelne Abschnitte, in denen ein sehr übler Geruch herrschte, allein dies war immer nur in kleinen Strecken der Fall und hing wahrscheinlich mit der Einrichtung der Diviseurs zusammen. Hier fehlt es eben an dem nöthigen Wasser zur Verdünnung der Auswurfsstoffe. Bedenkt man jedoch, dass die Wassereinflüsse von den Strassen durch weit offene Luftlöcher stattfinden, und dass daher auch umgekehrt eine starke Ausströmung von Luft aus den Kanälen nach den Strassen erfolgen muss, so wird schon derjenige, welcher nur das oberirdische Paris kennt, zugestehen müssen, dass von einem starken Geruche wenig wahrzunehmen ist. Dies Verhältniss lässt sich überdies durch zweckmässigere Anlagen sehr erheblich verbessern.

Die Durchdringlichkeit der Kanalwandungen ist überall zugestanden. Am meisten habe ich mich davon bei einer Begehung der eben im Bau begriffenen Kanäle zu Frankfurt a. M. überzeugen können, welche ich unter Leitung des berühmten Fachtechnikers Hrn. *Lindley* und anderer Herren bei Gelegenheit der letzten Naturforscher-Versammlung vornahm. Das Grundwasser drang so reichlich durch das Mauerwerk, dass sich auf der Kanalsohle ein kleiner Bach gebildet hatte, auch wo noch gar keine Einleitung auf anderen Wegen erfolgt war. Allerdings drang ein Theil des Wassers, wie es schien, durch die Steine selbst, indess war dies offenbar der geringste. Die Hauptmasse kam durch die Fugen, obgleich dieselben mit „gutem" Cement verkittet waren. Das Wasser löste einen Theil des Kalkes auf, der sich nachher als weisser, hie und da stalaktitenförmiger Absatz wieder an den Wänden niederschlug. An einzelnen Stellen hatten sich selbst kleine Vertiefungen und Löcher in den Fugen gebildet, doch schienen diese nirgend ganz durchzudringen.

Dieser Umstand hat unzweifelhaft etwas Bedenkliches an sich, insofern die Möglichkeit, dass nachher auch von innen nach aussen eine ähnliche Penetration erfolge, nicht ganz ausgeschlossen werden kann. Freilich sind in diesem Punkte alle Techniker einer und derselben Meinung; sie leugnen aus ähnlichen Gründen, wie der im Gutachten angeführte Hr. *Cresy*, das Eintreten eines solchen Falles. Auch sind die Hamburger Erfahrungen, wo man einzelne Kanäle äusserlich freigelegt hat, um den Zustand der Umgebungen zu prüfen, durchaus beruhigend. Nichtsdestoweniger scheint es mir, dass in einem Boden, wie der unserige, wo die Kanäle unmittelbar in das Grundwasser-Terrain gelegt werden müssen, mehr als anderswo zu fürchten ist, und ich denke, dass gerade in dieser Beziehung die sorgfältigste Prüfung angestellt werden sollte.

Endlich die Ueberrieselung. Der Plan des Hrn. *Wiebe* erscheint fast unmöglich, wenn nicht eine andere Art der schliesslichen Verwendung des Kanalinhaltes gefunden wird, als der einfache Einlass des Adelswassers in die Spree. Nun bieten sich allerdings zwischen Charlottenburg und Spandau allerlei sandige Flächen dar, welche zur Ueberrieselung verwendet werden können. Es wird sich zunächst fragen, ob sie gross genug sind und ob bei fortschreitender Bebauung nicht auch dort die menschlichen Ansiedelungen sich in kurzer Zeit bis in eine zu grosse Nähe heranschieben werden. Auch ist zu untersuchen, ob der Winter nicht eine zu grosse Unterbrechung und damit eine nicht zu überwindende Schwierigkeit herbeiführen wird. Im Uebrigen lässt sich nicht leugnen, dass die neuesten englischen Ermittelungen überzeugend dargethan haben, dass durch eine geeignete Ueberrieselungsfläche eine ausreichende Filtration des Adelswassers möglich wird. Die finanzielle Frage ist auch hier untergeordnet, wenngleich mit Rücksicht auf die Erträge der überrieselten Flächen an Gras nicht ganz zu vernachlässigen.

Gegenüber der Ueberrieselung ist neuerlich ein sehr wichtiger Vorschlag gemacht worden, dessen Bedeutung vielleicht ganz durchschlagend ist; ich meine die Methode des Hrn. *Süvern*, der durch Zusatz von chemischen Mitteln (Chlormagnesium, Kalk und Steinkohlentheer) die Adelswasser nicht nur geruchlos macht, sondern auch durch Niederschlag der festen Stoffe vollständig klärt und zugleich in den Niederschlägen einen grossen Theil der nutzbaren Stoffe sammelt. Indem an den Einfluss-Oeffnungen der Kanäle ein stetiger Strom dieser Mittel in Lösung eingeleitet wird, erzeugt man einen weichen, flockigen Niederschlag in dem Kanalwasser, der das Fortfliessen der Flüssigkeit nicht hindert, der im Gegentheil mit fortgeführt wird und sich erst in den Sammelbassins am Ausflussende absetzt, hier herausbefördert und dann zu Zwecken der Landwirthschaft verwendet werden kann. Nach praktischen Versuchen, die kürzlich in Leipzig angestellt worden sind, scheint dieses Verfahren auch für grosse Leitungen brauchbar und finanziell durchführbar zu sein, und ich kann daher nur auf das Lebhafteste den bei unseren städtischen Behörden gemachten Antrag befürworten, dass auch bei uns Versuche im Grossen damit angestellt werden möchten. Vielleicht gelingt es so, über den meiner Meinung nach sehr kitzlichen Punkt der Ueberrieselung hinwegzukommen und doch den doppelten Zweck zu erreichen, unsere Flüsse rein zu erhalten und der Landwirthschaft nutzbare Stoffe zu schaffen.

Es kommt hier noch ein besonderer Umstand mit in Betracht. Gerade im Laufe der letzten Zeit hat sich die Meinung immer mehr verbreitet, dass die Keime der meisten epidemischen Krankheiten und daher auch die der Gesundheit schädlichen Stoffe weniger die eigentlichen Zersetzungsproducte, als vielmehr die Zersetzungs-Erreger (Fermente) seien. Man hat bei immer mehr Krankheiten mikroskopische Pilze nachgewiesen, von welchen man annimmt, dass sie sowohl die Zersetzung der Stoffe, als auch die Erkrankung des menschlichen Körpers bedingen. Die Zersetzung würde nach dieser Auffassung also nur die Bedeutung haben, einen günstigen Boden für die Entwickelung und das Wachsthum jener kleinen Pflänzchen zu schaffen, welche nachher in und an den menschlichen Leib gelangen und hier Krankheit und Todesgefahr bringen.

Meiner Meinung nach sind die bekannten Thatsachen nicht ausreichend, um diese Meinung schon gegenwärtig als unzweifelhaft bezeichnen zu können. Aber es lässt sich nicht leugnen, dass die Erscheinungen der Gährung (Fermentation), wie ich seit langer Zeit behauptet habe, die nächste Analogie mit denen vieler contagiösen Krankheiten darbieten, und jedes Verfahren, welches gährungswidrig und pilztödtend (oder pilzlähmend) wirkt, muss uns daher mehr geeignet erscheinen, die Krankheit zu verhüten, als dasjenige, welches nur verdünnend wirkt. Giebt es Cholerapilze, so wird die Verdünnung ihnen weniger schaden, als ein chemisches Mittel, welches sie unmittelbar angreift. Daher erklärt sich die steigende Vorliebe für die Desinfektion und zwar für die Desinfektion durch die stärkeren chemischen Stoffe. Eisenvitriol erscheint von diesem Standpunkte aus schlechter, als übermangansaure Salze. Können wir aber Beides verbinden: die chemische Wirkung und die Verdünnung, so wird damit unzweifelhaft das Höchste erreicht, was wir auf dem gegenwärtigen Standpunkte erstreben können. Denn die Verdünnung wirkt der Zersetzung und damit sowohl der Bildung schädlicher Stoffe, als der Entwickelung neuer pilzlicher Organismen entgegen, und sie ist insofern von grossem Nutzen. Die chemisch differente Substanz aber tödtet oder lähmt den Pilz und bindet die zersetzungsfähigen Stoffe.

Zum Schlusse bemerke ich noch, dass jede Untersuchung unvollständig sein würde, die sich nicht zugleich eingehend mit der Frage des Trinkwassers beschäftigt. Eine tiefgehende Kanalisation, welche stark entwässernd wirkt, wird vielleicht zahlreiche Brunnen unserer Stadt trocken legen, und es ist die Frage, ob dieselben sich durch Tieferlegung ohne zu grosse Kosten wieder füllen lassen werden. Auch aus anderen Gründen ist eine verstärkte Wasserversorgung der Stadt von ausserhalb sofort ins Auge zu fassen. Schon jetzt ist die vorhandene Wasserleitung kaum noch zu weiteren Leistungen fähig, und selbst der Ort, wo sie ihr Wasser schöpft, wird mehr und mehr gefährdet. Sorgen wir daher, dass mit der Kanalisation zugleich eine vermehrte Zufuhr von trinkbarem Wasser der Stadt gesichert werde.